# 京都怪奇談

## 宿緣之道篇

怪談和尚の京都怪奇譚 宿縁の道篇

三木大雲
徐欣怡 譯

# 目次

# 前言

人類容易因為無法解釋的事而感到不安及恐懼。

那麼，要是把恐懼這種感受從人類身上拿掉，又會變成怎麼樣呢？

在人類的大腦中，有一個稱為「杏仁核」[1]的東西。據說如果把杏仁核拿掉，那個人就會失去恐懼的情感。

有一位四十四歲的女子，由於罹患某種疾病，使她的杏仁核失去功能，完全喪失「恐懼」這種情感。因此她不僅敢徒手抓毒蛇，還能面不改色地登上高處。

一個人如果沒了恐懼的感受，還有另一個東西也會隨之失去。那就是從他人臉部神情讀取恐懼的能力。這導致就算他人正感到膽怯，這個人也不會察覺。

恐懼就是害怕、不安。或許這種情感不存在更好。

可是，擁有恐懼這種情感，才能讓我們主動遠離危險，也能讓我們留意到他人心中懷抱的害怕及不安。

恐懼，說不定其實是我們人類與生俱來的一種美好情感。

1 杏仁核，大腦負責「情緒」的中心，是情緒學習和記憶的重要結構，杏仁核受損的人，在感知恐懼、悲傷和風險方面會存在嚴重的問題。

# 第一章

# 命

這是我以前去印度時發生的事。

我在印度遇見了一對兄弟。哥哥看起來只有七、八歲，弟弟則是五、六歲左右。他們的雙親因為車禍而過世，哥哥在生活中一肩挑起照顧弟弟的責任。兩兄弟住在相熟村人的牛舍裡，他們就和牛一起過日子。

村裡的人都很擔心他們，不少人曾主動邀請兩兄弟和自己同住，但哥哥堅持要靠自己的力量過活，並沒有接受村人的好意。

某次，我想拿一些錢給他們去吃飯，但哥哥說：「我又沒有幫你工作，不能拿你的錢。」拒絕收下。兩兄弟明明年紀還小，性格卻沉穩堅毅到像是比我還要年長。

當我問起他們雙親過世的事時，哥哥說：「爸爸和媽媽都深受神明喜愛，所以神明就提早來接他們了。我也會努力讓神明喜歡我的。」

哥哥的工作是在附近的國道清掃「道路的神明」。所謂「道路的神明」，相當於日本的地藏菩薩。那些開車經過的駕駛們，會從車窗內丟擲一些零錢給「道路的神明」。哥哥就把那些零錢蒐集起來，然後動手清掃「道路的神明」和馬路，作為感謝收到金錢的回饋。駕駛們都說，只要布施金錢給「道路的神明」，馬路就會變乾淨。也就是說，神明就存在於這種經濟循環之中。

過了一陣子，弟弟被車撞死了——他是在拿著哥哥做給他的小掃帚，模仿哥哥清掃馬路時被撞的。

我不知道該說些什麼來安慰哥哥。而哥哥看著我說：「弟弟年紀比我小，卻很努力幫忙，所以神明才會早早來接他。我也要再加油才行。」幾年後，哥哥病倒，也被神明接走了。

這對年幼的兄弟教了我一個道理：並非只有長壽值得追求，更重要的是，在面對死亡時，我們該如何活著。

# 穿著雨衣的女子

超自然現象或靈異現象，皆尚未獲得科學上的解釋。而這些還無法解釋的現象，如果又牽扯到「亡者」或「怨念」這類同樣無法證實的東西，幾乎就等同於不可能說明了。

我也聽過有一種說法是，包括駕駛飛機的機師或醫師等背負著許多人命的專業人士，不該談及這些靈異現象。

但是不是完全沒有科學研究在鑽研這個領域呢？事實倒也並非如此。在量子理論的世界裡，關於死後世界及人類意念的相關研究，似乎比過去更多了。

有一位醫師表示，「我可以肯定地說，死後的世界是存在的。」我原本猜想，這位醫師可能曾經有過瀕死經驗，話才能說得如此肯定，但實情卻不是這樣的，於是，我詢問對方為什麼會這樣說。沒想到，他告訴了我一件令人極為驚愕的事實。

我之所以會想當醫生，這個契機發生在我小學低年級時。那個時候，我罹患支氣管方面的疾病，必須長期住院。

當時我年紀還小，必須離開家人生活，心裡很寂寞，常常哭著說「好想回家」，讓爸媽傷透腦筋。在難熬的住院生活中，幸好主治醫師很照顧我，簡直就像我另一個父母一樣。

每天早上，只要我的身體狀況不錯，我就能直接從醫院去上學，主治醫師會代替必須上班的爸媽，陪我一起到學校附近，偶爾還會幫我看功課。在我幼小的心靈中，醫師就是一個如同英雄般的存在。我很仰慕他，於是立志長大後要成為醫師。一開始，我覺得住院生活很辛苦，但在醫師和護理師的細心照料下，漸漸地我不再感到寂寞了。

某天，我做了一個夢。在夢境中，我人就在這間醫院的病房裡，從窗戶內往外看。從病房的窗戶望出去，我看見單向四線道的寬闊馬路。時間似乎是在深夜，路燈都亮著，但路上沒有任何行人。我注視著深夜窗外空蕩蕩的馬路，此時忽然有一輛車駛過。我的目光追著那輛車，直到它消失在視線範圍為止。等到我看不見那輛車後，我又繼續盯著深夜沒人的馬路。過了一會兒，又有一輛車駛過。我的目光依然追著那輛車移動。夢境內容就只有這樣。從這天開始，我開始偶爾會重複做這個夢。

有一天，我跟平常一樣又做到了這個夢。在昏暗的馬路上，一輛汽車駛過，我的目光追著那輛車遠去。直到它消失在視線範圍後，下一輛車又來了。我又盯著它直到再也看不見為止。然後，我繼續凝視著靜悄悄的馬路。平常我總是在這裡就會醒來，但這次卻不一樣。在車子已開走的安靜馬路上，又有什麼東西跑過來了。我看見一道女子的身影，以極快的速度在馬路上奔跑，而且她身上還穿著一件雨衣。雨衣迎風飄揚，那名女子使出全力奔跑著。跟車子出現時一樣，我的目光也追著那名女子遠去。就在她的身影消失在我視線可及處的瞬間，我從夢裡醒了過來。

年幼的我莫名地感到害怕，於是把這個夢告訴了我的主治醫師、爸媽和護理師，但他們一致表示「這個夢真有趣耶」，沒有人覺得恐怖。現在回想起來，他們之所以那樣回應，大概是為了要安撫我。

在做了那個夢過後的一陣子，我可以暫時出院回家了。在家裡，我有自己的房間，也有許多沒辦法拿到醫院去的玩具。很多朋友聽說我回家了，紛紛來家裡找我玩。那一天我很開心，或許是因為很久沒有放聲大喊、盡情玩鬧了，我十分疲倦，比平常更早鑽進被窩。結果，這天晚上我又做了那個夢。

只不過，在這次的夢境中，我並不是從醫院內的窗戶往外看，而是從我自己房間的窗戶往外看。我家前面的馬路沒有醫院前面那條馬路那麼寬，而且只有一條單行道。馬路上，一輛車駛近。很快就和平常一樣經過我眼前，逐漸遠去。過沒多久，又一輛車開過來。接下來，那個穿著雨衣的女子用極快的速度狂奔過我家前面，在前方的路口轉彎、遠去。早上我醒來後，心裡想的只是「原來睡覺的地方不同，這個夢的內容也會稍微改變嗎」，並沒有太在意這件事。

幾年後，我升上小學高年級，病情大幅好轉，主治醫師甚至宣布了好消息，說只要我能繼續維持住現況，以後就不需要再長期住院了。在我即將要進入國中之際，我做了最後一次的住院檢查。只要這次的檢查結果沒有問題，我就算是徹底康復了。

為了做檢查，我必須住院一週左右。「在小學畢業的同時，我也要從這間醫院畢業了」，這件事讓我這次住院時的心情五味雜陳，既開心，又寂寞。

結束多項檢查，只剩下幾天就要出院的某個夜裡，我又做了那個夢。

可能因為實在做過太多次相同的夢，所以即使我置身夢境裡，我也很清楚自己現在是在做夢。

夢裡的我和平常一樣，從醫院的窗戶眺望深夜時分的馬路。沒多久，就像平時那樣有一輛車駛過來，我一如往常地用目光追逐著那輛車後，突然覺得有點不太對勁。「和平常的夢不一樣……」我有這種感覺。

不同之處在於，逐漸駛近的那輛車，它的雨刷在動。我仔細瞧了一眼車燈附近，才發現此時正在下雨。在雨中，車子像平常一樣駛過我眼前，逐漸遠去。接下來的第二輛車也一樣，它的雨刷正不斷擺動。那輛車經過時，我聽見了「唰——」的一聲，雨水打在路面上的聲音。接著，那個穿著雨衣的女子，正使出全身力氣狂奔而來。

從遠方傳來「啪唰啪唰——啪唰啪唰——」，女人在雨中奔跑的聲音。然後，隨著女子愈來愈接近，那個聲音也愈來愈響亮。

「啪唰啪唰——啪唰啪唰——」。我心中泛起莫名的恐懼，但我仍繼續盯著她看，沒想到，女人奔跑的腳步聲突然慢了下來。

「啪唰啪唰——啪唰啪唰——啪唰、啪唰、啪唰——」。最後，女人來到我所在的這扇窗戶下方，停下腳步，抬頭朝我的方向看來。

「好可怕！」我嚇到了，趕緊蹲到窗戶下躲了起來。結果，又傳來那位女子走動的腳步聲。我悄悄地從窗內探頭，觀察她的動靜，沒想到她緩緩地朝著窗戶的正下方，也就是我所在的醫院走了進來。

這時，我從夢裡醒了過來。我感覺到自己的心臟正怦怦怦地狂跳。我看向時鐘，剛過半夜兩點不久。

「快叫護理師，誰都好，總之要快找大人過來。」就在恐懼讓我萌生這個念頭時，用來隔開我和隔壁病床的簾子上，隱約倒映出一個人影。我猜想，應該是隔壁床的病人或是護理師，便稍稍拉起簾子看了一眼。

然而站在那裡的，卻是那個出現在我夢中、穿著濕淋淋雨衣的女人。

女人一直低頭注視著躺在病床上睡覺的老爺爺。她雨衣帽子上的水珠正不斷滴落在老爺爺的臉龐，但老爺爺沒有醒過來。我害怕極了，立刻把棉被蓋住頭，保持這個姿勢祈禱天快點亮……

「唰——」拉開簾子的聲音響起，我驚醒過來。「太陽都曬屁股囉，早安！」映入眼底的是媽媽的笑臉。

她今天不用上班，一早就過來看我了。於是，我立刻把昨晚做的夢告訴她。媽媽有些難以啟齒地告訴我，今天天亮時，隔壁病床的人過世了。

「……但這跟你的夢沒有關係。」雖然媽媽這樣說，但我強烈感覺到，其中一定有某種關連性。

由於我住院檢查的結果良好，不久就順利出院了。後來，升上國中的我，不再像之前一樣頻繁地做這個夢，大約每隔幾個月才會夢到一次。

但其中有一次，我的印象特別深刻。在那次夢境中，我跟平常一樣從自家窗戶看著外面的馬路。

我看見一輛車疾駛而來，雨刷不斷地左右擺動。現在正在下雨。第二輛車的雨刷同樣也快速擺動著，足見雨勢頗大。

車子駛離之後，雨聲又更響亮了，路上積了不少雨水。接著，遠處傳來了踩踏雨水的聲音。在「啪唰啪唰——啪唰啪唰——」的腳步聲中，穿著雨衣的女人跑了過來。我看到她的瞬間，驚訝萬分。因為她的身後居然還跟著十幾個同樣穿著雨衣的女子，正用最快的速度狂奔而來。

「啪唰啪唰啪唰啪唰啪唰啪唰——」，那群人跑過來時，踩踏積水的聲音激烈地宛如突然下起一場傾盆大雨。沒多久，聲音離我愈來愈近，經過我家門前，然後在前方的路口右轉，最終消失了。

每次只要夢境中出現下雨的場景，我的心臟都會跳得很快。

「這次的夢又是怎麼回事？」雖然我覺得很疑惑，但當時已是深夜，我不知不覺又睡著了。

隔天早上，一切如常，我到學校上課，等到放學回家時，我家附近的路口停了好多輛警車及救護車。後來我才得知，那個路口有夜間巴士發生了車禍，十幾個人因此不幸過世。

這下我確定了。我做的那個夢，會出現在有人即將過世之前。但我不知道那位穿著雨衣的女子究竟是何方神聖，也無法理解下雨及沒下雨有什麼含意。我唯一能肯定的是，那不是一個普通的夢。

要升高中的那陣子，我幾乎不再做那個夢了。或許是疾病引發了某種作用，我在逐漸康復的過程中，也慢慢失去了那種能力。在那之後經過數十年，我從醫學院畢業，成為一位醫師。

這個故事就是這位醫師告訴我的。

或許那位穿著雨衣的女性，就是所謂的「死神」。西方的死神總是身穿像是連帽斗篷般的衣物，說不定祂穿的，其實就是雨衣呢。

然而，「死神」的名諱上既然有「神」這個字，代表祂也是神明之一。在這位神明來迎接我們之前，無論生活再怎麼痛苦，我們也必須好好活下去。最後，故事裡的醫師說道：

「雖然我已經不會再做那個夢了，但現在，我偶爾還是會在醫院裡看見那位穿著雨衣的女子。」

# 小時候

這個故事是我小時候的親身經歷。

我是在一九七二年，於京都市上京區立本寺的塔頭寺院出生的。那個地方，從北野天滿宮往南走大約要十分鐘。

我老家的那間寺廟稱為教法院，現在由我哥哥擔任住持。那裡的御朱印[1]很有名，有興趣的讀者，非常歡迎前去參拜。

我在教法院度過我的童年生活，而這件事就發生在我小學某一年的暑假。

那陣子，有一位老婆婆經常造訪寺裡。每次只要她一來，就一定會問：「我兒子會回來嗎？」而我爸媽總是回答：「別擔心，他會回來的。」老婆婆聽了就高高興興地回去了。大人們都說那位婆婆很可憐，心裡生病了。其實她年輕時兒子就過世了，但她一直深信死去的兒子有一天會回來。

那位婆婆也會去立本寺境內的立本寺公園，向正在公園裡玩耍的小朋友詢問同一個問題。

「阿姨的小孩會平安回來嗎？」每次只要她這樣問，我和朋友都會回答：「嗯，別擔心，一定會回來的喔！」讓她安心。

在我和朋友的眼裡看來，她已經是一位老婆婆了，卻仍自稱阿姨。有時候，小朋友們會直率地說：「阿姨，妳已經是老婆婆了吧。」但她也只是溫和地笑著說：「哎呀，是這樣嗎？」那是一位性格十分沉穩的老婆婆。

有一天，我和幾個朋友像往常一樣在立本寺公園玩耍。老婆婆朝我們走了過來，照例問道：

1 御朱印，日本佛寺、神社授予的一種參拜證明。參拜神社或寺院時，只要供奉少許金錢，即可獲得神社或寺院人員在參拜者準備的御朱印帳上書寫證明並蓋章。

「阿姨的小孩會回來嗎？」聽到她的問題，我不加思索地回答：「嗯，別擔心，會回來的喔。」

不料，老婆婆接著問：「那他什麼時候回來呢？」

我心想，問我什麼時候啊……這下子不好回答了。就在這個時候，朋友小山語氣不耐地說：「明天啦，他明天就回來了！」原本小山只是想隨便敷衍一個答案，沒想到老婆婆一臉喜色的當真了，「明天嗎？明天就會回來了嗎？」然後就開開心心地回家了。

小山目送老婆婆的背影遠去，轉頭看著我，搔了搔頭說：「我好像不應該那樣回答她的……」

隔天，我在公園玩的時候，老婆婆又過來問了我一次：「我兒子今天就回來了嗎？」

既然她都開口了，我只好回答：「我不知道耶，大概會吧。」老婆婆聽了就開開心心地回去了。

第二天，那位老婆婆又出現在立本寺公園，她朝著我們玩耍的地方走來，然後對我們說：

「昨天，我兒子真的回來了。」她的神情充滿喜悅。

聽見這句話，我們附和著說：「看吧，真的回來了吧。」聽了我們的回應，老婆婆的臉色突然變得很認真，她的眼睛直直地盯著我們看，然後說道：

「我想讓你們見見他。」

話才剛說完，她突然抓住我的手。朋友們見狀，全都嚇得逃走了，我則一路被老婆婆拽著走。她的力氣大到不像是一位年邁的老人，我差點就要被她帶到公園外頭。

「阿姨，我不用跟他見面沒關係。放開我！」我拚命抵抗。此時，小山回來了，他直直地朝著我們衝過來。老婆婆一驚，下意識鬆開了我的手，於是我和小山立刻拔腿就跑。

自從發生那件事後，老婆婆就沒有在立本寺公園出現過了。

後來又過了幾年，在我就讀國一時的一個夏日夜晚，我從附近的澡堂走回家，時間約莫是晚上九點左右。

當我踏進立本寺境內，打算穿過立本寺公園走回家時，一眼就看見那位老婆婆坐在長椅上。看到那個熟悉的身影依然安好，我暗自放下心來。突然間，我看到一個年輕男子從黑暗中現身，他對著老婆婆說道：「媽，差不多該走囉。」男子一說完，就牽起老婆婆的手朝公園外面走去。我悄悄地跟在他們身後。就在他們要從西側離開立本寺時，瞬間亮起一道光，兩人都消失了。

我朝兩人消失的位置跑過去，發現原本每到傍晚就會關上的門，現在卻敞開著。

那扇門的另一側，是立本寺的墓園，至今景物依舊。

或許，他們母子二人終於在那個世界重逢了吧。

# 打掃專家

在僧侶的修行中，絕少不了「打掃」的功課。打掃的用意，自然是要保持周遭環境的整潔，但不光是如此，打掃的重要性在於，它能使人萌生對物品的感謝及愛惜之心，並理解萬事萬物皆有靈魂，因此是一項很重要的工作。

雖然我很清楚這一點，但如果你問我「是否擅長打掃」，我會說「我並不是特別擅長」。為此我必須反省，自己對身邊的事物是否仍不夠感恩。

接下來這個故事，是一位打掃專家，也就是一位清潔員告訴我的。

我大學畢業後，就到一間清潔公司任職。我第一次上工，是在深夜時去打掃一棟辦公大樓。地板和窗戶就不用說了，連廁所、會議室和空調設備等，每個地方我都打掃得乾乾淨淨。那棟大樓我掃了兩年。這段時間，我學到打掃的方式，以及打掃用具、藥劑的相關知識，還有提升工作效率的方法等等。

打從進公司起，我就把「將來要自立門戶開一間清潔公司」掛在嘴邊，甚至對目前任職的公司也據實以告。也就是說，公司是在清楚這一點的情況下持續雇用我的。

有一天，主管找我過去，跟我提了一件事。

「雖然你進公司才兩年，但你有沒有興趣開始準備自立門戶呢？」主管這麼問我。

要創立一間公司，初期會有各種支出。對此，主管表示現在的公司可以把必要的清掃設備租借給我，至於那些清潔工作所需的特殊藥劑，只要大量採購就能降低成本，而現在的公司也可以代我採購需要的數量。

日後等我自己的公司上軌道，再購入設備獨立運作就好了。主管之所以說這些話，聽起來就是要推我一把去創業。

當然，對我來說這可是千載難逢的好機會。於是我回覆主管「我非常樂意這麼做」，並請他多幫忙。

此時主管開口了，「但是有一個條件」，他還說，要是不能接受這個條件，剛才他說的話都不算數。

我在心中暗忖，「果然，條件一定很嚴苛吧？」沒想到聽完主管的說明後，我認為那反倒是一個對我十分有利的條件。

那個條件就是，「我們公司會介紹工作給你，只要是由我們轉介給你的工作，你絕對不能拒絕。」

一間新成立的公司，初期自然是沒有什麼生意可做，因此，那個條件對我來說是天大的好事。也就是說，我會變成原公司的承包商。我沒有拒絕的理由，因此不假思索地回答：「我明白了，麻煩您了。」一口答應下來。

於是，我便從原公司離職，幾個月後登記了自己的公司，又雇用了一位二十歲、名叫木村的青年來打工。接著，我便和原公司的主管及高層等相關人士正式簽約，他們馬上就轉介了工作給我。

那份工作，是在某棟公寓進行臨時清掃。一般來說，清潔契約可分為每天要固定去打掃的日常清掃、固定一段時間去打掃的定期清掃，還有只在有需要時才會請人過去的臨時清掃。這類契約的內容會依據公寓大廈的規模而有所不同。

我馬上前往那棟公寓實地場勘，確認那裡的骯髒程度，以及需要多少工時、人手、用具等細節。

那棟公寓位在工業區裡。從建築物外觀一眼就能判斷，它的屋齡至少有五十年以上。外牆黑黑髒髒的，四處可見裂痕。它總共有六層樓，雖然空間狹小，但仍設有電梯。面積並不算大，每層樓各有四戶。這種規模對於還沒有承包經驗的我們來說，當第一個案子再合適也不過。而且它的管理公司也沒有提出太嚴苛的要求，對方表示只要費用按照報價不超支，要花多少時間打掃、要哪幾天來打掃都隨我決定。

我決定數日後的早上九點，開始這裡的打掃工作。我和木村準備好後，就前往那棟公寓。我計畫從頂樓開始依序往下層作業。

我們拿著清掃用具踏進電梯，眼前出現的，應該是用麥克筆畫的塗鴉。仔細一看，那些塗鴉畫的是鳥居。牆壁上密密麻麻地畫了無數的鳥居。此外，空間裡有一股焚燒過東西的臭味。這股味道也必須去除乾淨才行。

我們一到頂樓的走廊，就立刻動手打掃。那裡到處都積了厚厚一層灰塵，我們便先從清理灰塵下手。在我們專心工作時，一個住戶走了出來。

「你們，在做什麼？」體格壯碩的男人主動向我們搭話，從腔調聽起來，他明顯不是日本人。

我客氣地解釋自己是清潔公司的人，受這棟公寓的管理公司委託前來打掃。男人聽了之後，說有幾個地方希望我們特別注意。

首先，不要清除電梯裡畫的塗鴉。不要動走廊上擺放的淨化用小鹽堆。還有，也不要把走廊扶手上綁的那些鳥居拆掉。原本我還以為扶手上的那些東西是裝飾品，仔細一瞧才看清，原來是許多小小的紅色鳥居。

我向那位住戶說明，先不論鹽堆，「不要清除塗鴉」這個要求實在有點強人所難。但他保證「我會，跟房東，講。沒問題。」我便決定先維持原樣。

我們花了三天的時間，完成我們公司的第一個案子。工作結束後，我先將結案報告提交給前東家，請他們連繫管理公司的人去驗收。等到這整個流程跑完，我們才能收到款項。

隔天，前東家的主管告訴我，案主提出客訴。內容是「頂樓走廊扶手上的鳥居、鹽堆，還有電梯裡的塗鴉都沒有清除」。

我在報告中有清楚註明，這是因為有住戶要求，我們才刻意不動那些地方。但案主卻要我們全部清除乾淨。

身為承包商，我畢竟是收案主的錢辦事，一般來說，應該要優先遵從案主的指示。但我卻刻意選擇了聽從住戶意見，老實說，是因為我有點害怕。

要說我害怕什麼，就是電梯裡那些數不清的鳥居塗鴉。而且頂樓的鳥居和鹽堆，看似也全都和神明有關，我怕將之清除後搞不好會遭天譴。但眼下這個情況可不容我拿這個當理由。我向來打工的木村說明原由後，決定再過去那棟公寓打掃一趟。

但若是又遇到那位阻止我們打掃的住戶，那就麻煩了。想到這點，我們刻意等到夜深時再過去。

我和木村兩個人，在半夜兩點開著公司的車前往那棟公寓。路上，木村出言調侃我。

「老闆，看不出來你還挺迷信的。」

「我不是迷信，老實說，我很害怕。」

「世界上才沒有妖怪這種東西啦。況且要是真的有神明存在，這世界的戰爭早就消失了不是嗎？」

「這個嘛，我以前聽過一種說法，是因為人類的內心醜惡，所以神明才刻意隱身。如果一個人的內心很美麗，神明就會顯靈幫助他吧。」

在我們閒聊之際，車子駛近了深夜中的公寓。

我們迅速走進電梯，開始清除那些塗鴉。若是平時，我都會先關閉電梯的電源，但由於現在是深夜，看起來不會花太多時間，所以我們就讓電梯停在一樓，讓電梯門保持開啟，持續清除作業。

那些塗鴉所使用的墨水並不難去除，只要使用特殊藥劑輕輕一擦就能抹去。接著我們上到頂樓，準備要清掉那些鹽堆，再拆掉扶手上的鳥居。這項工作雖然不會太麻煩，但我內心十分抗拒。木村側眼看向害怕遲疑的我，便毫不猶豫地拿起掃帚掃掉鹽堆，再用畚箕將之倒進垃圾袋裡。

接下來，我們得拆除那些固定在扶手上的鳥居。仔細一看，那些鳥居用鐵絲綁得相當牢固。

「看起來沒那麼容易拆除，我先回車上拿老虎鉗過來。」我話才說完，木村就回我說：「這個簡單啦！」

我轉頭看向他，他說：「只要破壞鳥居再拿下來就可以了。」

「破壞鳥居還是不太好，你等我拿工具來。」我這麼回答，但木村根本聽不進我的話。

「少囉嗦！我就是要把這東西拆掉。」此時木村的眼神怪異，像是被什麼東西附身一樣。

我再三阻止木村，但他堅持要破壞鳥居。

於是，我只好趕快去一樓拿老虎鉗。

就在我從車上取出老虎鉗，正要返回頂樓時，不知從哪裡傳來一個從未聽過的聲響。

「汪——、唔——唔——唔——」簡直像動物在威嚇時的吼叫聲。我忍不住雙手合十，在心中連聲喊道：「對不起！對不起！」

就在那一瞬間，「碰」地一聲巨響，木村猛烈撞擊到地面。

他當場死亡。

警方的說法是，當木村探出身子拆除鳥居時，不小心失足從頂樓摔下。從木村雙手還抓著斷成兩截的鳥居來看，那就是證據。

後來，我聽說那棟公寓接連有好幾個人跳樓自殺及意外墜樓身亡，現在已經拆除了。

我把清潔公司收了。

在那之後，我才知道那些曾發生多起意外及自殺事件的公寓，都會被各家清潔公司列為拒絕往來的對象。

而這次由我承包清潔工作的公寓，想必就是有問題的客戶之一吧。這件事，我的前主管肯定也知情。

因為在我表明要把公司收掉時，前主管說了一句話：

「下次果然別接這種工作比較好。」

在釋迦牟尼的弟子中，有一個名叫周梨槃特的人。周梨槃特的記性極差，甚至連自己的名字都會忘記。

有一次，周梨槃特去找釋迦牟尼，說道：

「我的記性太差，會妨礙大家修行，所以我考慮離開這裡。」

釋迦牟尼回答他說：

「一個人如果能意識到自己的愚昧，就絕非愚昧之人。那些自以為聰明而驕傲自大的人，才是真的愚昧。」然後，佛陀把一根掃帚交給周梨槃特，吩咐他做打掃的工作。

周梨槃特每天都用那根掃帚打掃環境，日復一日，年以繼年。某一天，他突然注意到一件事。

那就是：「就算我每天都打掃同一個地方，那個地方依然馬上就髒了。人類的內心也是如此啊。」

我們必須在清潔周邊環境的同時，也清掃自己內心的汙垢呢！

# 黑色汙垢

有許多不可思議的現象，始終都無法找出原因。但佛教認為，凡事必有因果。也就是說，即便是毫無頭緒的怪異事件，如果追究到底，肯定也藏著某種原因。

比方說，明明感覺到某人存在，抬頭一看卻連個人影都看不見。如果確實感受到某人氣息的話，不要將之歸結成心理作用，試著去探究那股氣息的源頭，或許會找到令人恍然大悟的答案也說不定。

這次來找我談話的男人，他所遇到的怪異現象，最初也是從感受到他人氣息開始的。

我獨自一人住在一間獨立套房裡。有一天，我跟平常一樣在家看電視時，隱約感受到背後有其他人的氣息。我立刻回頭，當然，我身後沒有任何人。

由於廚房和電視所在的區域，是以廚房的吧檯隔開的，所以當我回頭時，看到的只有吧檯區的牆壁，而我感覺到有人在那裡。

之前我偶爾也會感受到類似的氣息，但這次明顯和過去幾次不同。差別就是，這次就算我回過頭，那股氣息也沒有消失。我清楚感受到有人站在廚房吧檯區的前面。

過了幾天之後，那股氣息依然沒有消失。甚至連我去洗澡、上廁所時，都會聽見房間裡發出的聲音。屋裡明明沒有其他人，但我卻一直感覺到有人存在。

有一天下班回家，我發現那個我一直覺得有人站著的位置，地板上出現了像是黑色小汙點般的痕跡，看起來就像是不小心滴落墨汁後殘留的汙漬。

我滴了一滴中性洗潔劑，用抹布擦拭它，但那塊汙漬並沒有消失。我沒輒了，只好不去管它，沒想到幾天後一看，那塊汙漬的面積好像稍微變大了。

我決定請清潔公司的人來看一下。清潔公司的人看了之後，評估可能是黑色的黴斑，於是使用除黴藥劑來處理，但污漬依然不動如山。後來他們又試遍了各種藥劑，那塊汙漬卻連顏色都沒有變淡。

在找不出原因的情況下，又過了好幾天。雖然我完全不相信靈異現象之類的事，但現在，房間裡出現他人氣息和神祕汙漬的事實擺在眼前，我不免開始思考，或許這真的和靈體相關。而且我甚至開始聽見類似撕保鮮膜時，那種「啪嗤——啪嗤——」的細微撕裂聲。

我上網搜尋相關的應對方法，看見有人說，「要朝你感受到氣息的方向大聲怒吼」。我心想，這個好辦，於是立刻朝黑色汙垢處大吼一聲：「給我滾出去！」

出乎意料的是，我感覺那個氣息真的消失了。「原來還真的是靈體啊……」我嘖嘖稱奇地接受了這個可能性。

然而當天夜裡，那個氣息卻變得比之前更強烈，簡直就像是有一個人站在廚房吧檯區前面，正監視著我的一舉一動。我甚至可以感受到那個人的目光。而在那股存在感變強烈的同時，地板上的黑色汙垢也變深了。我不禁覺得，這簡直就像有人在誇耀自己的存在一樣。

隔天早上，我的身體很不舒服。不但頭痛欲裂，又不停拉肚子，實在沒辦法去公司上班。我打電話到公司，向主管請假。在我飽受頭痛和拉肚子折磨之際，從黑色汙垢那裡感受到的氣息，一樣完全沒有消失。

翌日，情況又惡化了。除了頭痛和拉肚子，我還發燒了。我再次打電話向主管請假。再過一天，我的情況絲毫不見好轉，請假之後我去了一趟醫院。醫師說我大概是感冒了，拿了藥我就回家了。

兩個星期過去了，我的身體沒有一絲要恢復的跡象。這種情況怎麼想都不像是單純的感冒，我決定去另一間醫院就診。但診斷結果卻如出一轍，醫師依舊說我是感冒。自從健康崩盤後，我的食慾一落千丈，體重掉了將近兩公斤。

有一天，我的直屬主管對我說，他實在沒辦法讓我請假這麼久，至少在家參加線上會議也好。就這樣，我大概出席了兩場線上會議，但每次面對電腦開會時，我都會頭痛到想吐，根本沒辦法集中注意力。當然，其他人也察覺到這件事了。直屬主管告訴我，之後的會議不用參加也沒關係。

身體不適，無法去公司上班，現在連線上會議都沒辦法參加了。我的內心無比恐慌，除了生理，我的精神層面也承受相當大的壓力。俗話說「禍不單行」，更糟的事又發生了。我接到一通直屬主管打來的電話，他說：

「你身體不舒服也是沒辦法的事，我知道你很辛苦。不過你請假這麼久，連我的主管也開始關切了。你可以先整理你手邊的工作，至少先找一個人接替你嗎？」他在電話裡這麼說。

我早就預料會有這個狀況，因此先前已連繫幾位同事，問他們能不能幫忙分擔工作，怎知大家都不約而同地以「太忙碌」為藉口，沒人肯伸出援手。我向主管報告這個結果後，主管只回了一句「我知道了」，就掛上電話。

幾天後，我再次接到主管的電話，他說我被炒魷魚了。

「我很同情你，也有幫你向上頭求情，但實在是沒辦法。」他這麼說。

由於病況一直未見好轉，我早就有面對這個結果的覺悟。但是當這一刻真的降臨時，我還是深受打擊。

主管那通電話的內容還不止於此。

「……還有，你記得嗎？之前我借了一只手錶給你。」聽他這麼一說，我就想起來了。

在同事的婚禮上，我向戴著高級手錶的主管借來那只錶，後來就一直擱著沒有歸還。

「我記得。不好意思，下次碰面時還你。」

「你每次都這樣說。我借你那只錶都已經超過半年了。每次在公司提醒你還我，你總是說下次就還。」他說完這句便掛上電話。

主管在傍晚時到我家來拿手錶，他說他怕被我傳染，要我把錶放進門外的郵箱裡。隔著門板，我連聲說了好多次對不起，但他一句話都沒有回。

我依然感覺得到那個來自黑色汙垢上的他人氣息。我一個人窩在被窩裡，思考著許多事。

包括至今服務的那間公司的事、同事的事、公司以外的朋友的事、家人的事等等，就像在看走馬燈一樣，那些事一幕幕掠過我的腦海。最後，我悲觀地想，自己該不會就這樣死於不明原因的疾病吧。

一想到這個可能性，我忽然想起自己向朋友、同事借的錢和幾樣東西，至今同樣尚未歸還。我心想，要是自己就這麼死了，那些借來的東西就還不了了，得在事情落到那步田地之前全部還給人家才行。

我想起，我很久以前向一位朋友借了漫畫，於是我連繫那位朋友，問他可不可以過來拿。沒想到朋友這樣回我：

「原來還在你手上啊。好幾次我叫你還我，你都沒還，我還以為你早就不知道賣到哪裡去了。」那些漫畫是我多年前跟他借的，看來他心中一直很在意。

其他還有向同事借的錢、向朋友借的包包和衣服等，在我一一連繫過後，終於把該還的東西全部還完了。大家來拿東西時，全都異口同聲地說：「我還以為你早就忘了咧！」

我並沒有忘記，只是一直認為「以後再還就行了」。不過，人不知道自己何時會死。這次健康崩盤後，我才第一次體認到這件事。

不光是物品和金錢，曾接受他人幫助的恩情、雙親生養自己的恩情，甚至是對於祖先，都必須趁你還在世時好好感謝。我開始打從心底這麼想。

在逐一歸還過去借來之物的過程中，我發現，那塊黑色汙垢漸漸變淡了。然後，在我悉數歸還借來之物的那一天，那塊黑色汙垢徹底消失了，地板恢復成原本的顏色，而那股不可思議的氣息也完全消失了。與此同時，我的身體也奇蹟般地痊癒。現在回想起來，那塊汙垢或許是借我物品及金錢的那些人的生靈或怨念之類的東西吧？

這個男人為自己所說的話下了這個結論，他在供養祖先和為世界和平祈願之後，就回去了。

他給我看了地板上那塊黑色汙垢的照片，但那究竟是不是類似生靈之類的東西，雖然我無從知曉，但有一件事我很確定，那就是向別人借來的東西一定要歸還。

還有，在我們生活的這個世界，有許多地方藏汙納垢，就像那塊黑色汙垢一樣骯髒，但自己絕不能跟著同流合汙。就算生活在汙泥之中，也要像綻放潔白花朵的蓮花一樣，出淤泥而不染。

# 天女

「為什麼我們的孩子死了呢？這個世界真的有神明或佛祖嗎？」

鈴木夫婦流著淚，質問似地向我拋出這些問題。我什麼話都沒辦法回。應該說，我認為現在還不適合回答。

鈴木夫婦有兩個小孩。即將滿六歲的長男卓也，和將滿四歲的弟弟雅也。

有一天，他們全家人利用五月初的黃金週連假，回到鈴木先生的老家。鈴木先生的老家是一棟歷史悠久的老房子，屋前就是一大片開闊的水田，附近還有一條清澈的河流。

那條河每到五、六月就會出現許多螢火蟲。因此這個時期總會有大批觀光客來賞螢，熱鬧非凡。不僅如此，河面上橫跨著一座橋，走過那座橋，可以看見不遠處鋪設著鐵軌，景色之優美甚至讓這裡登上雜誌報導，用「螢火蟲和電車燈光相互輝映、美麗非凡」這樣的標題來介紹它。

只不過，在這個猶如電影場景，呈現出日本自然風光、如詩如畫的地方，卻發生了一件極為悲傷的事。

鈴木一家為了看螢火蟲，某天晚上去了那條河。到了河邊，已經有許多人在那裡拍照，大家都沉醉在螢火蟲的光輝之中。

「卓卓要看電車。」長男卓也很喜歡電車，最期待看見在夜色中奔馳而過的電車。

「好，那我們去看電車好了。」當鈴木先生這麼回他時，弟弟雅也卻抗拒地表示「我不要去」。他哭著說：「雅雅不要去。我要回家！」

最後實在拗不過他，只好決定明天再來看電車，今天先回家。可是這下換卓也絲毫不退讓地嚷嚷著自己要看電車。

「我絕對不要！不去！我不要去！」雅也大哭大鬧。可能是因為住在不熟悉的屋子，又來到不熟悉的地方而特別疲憊吧？這個年紀的孩子經常會這樣。

這時，身為哥哥的卓也一邊柔聲安慰他：「雅雅，沒事，沒事的。」一邊摸著弟弟的頭。然後雅也似乎放鬆下來，睡著了。

既然雅也睡著了，鈴木先生不得不先把抱他回家。

「爸爸，對不起！」卓也這麼說，鈴木先生回他說：「沒關係，爸爸明天再看就好了。」說完，他就先抱著雅也回去了。

鈴木太太和卓也兩個人手牽著手，朝河上的那座橋走去。兩人一邊過橋，一邊對話。

「媽媽，對不起！」

「沒事。都難得過來了，電車和螢火蟲媽媽都想看喔。」

兩人牽著手說話時，前方走來一位有一頭金色長髮的女人。女人一看到鈴木太太便停下腳步，深深一鞠躬。但鈴木太太對這個女人並沒有印象，猜想對方可能是認錯人了，便輕輕點頭致意。

那個女子並沒有說話，又再次對著鈴木太太深深一鞠躬。鈴木太太心想，還是該提醒對方一下她認錯人了，當她正要走近那個女人時，卓也卻鬆開鈴木太太的手，向前跑去。

「媽媽，我先過去等妳喔！」

「好，我知道了。我馬上就去。」鈴木太太這樣回應後，轉頭望向那個女人，不料女人已經不見蹤影。

好奇怪啊。那個女人去哪裡了呢？

鈴木太太環顧四周，依然沒看到女人的身影。儘管覺得奇怪，她還是繼續走過橋去找卓也，沒想到就連卓也也不見蹤影了。

「卓也——，卓也——」她不斷呼喊，卻沒有得到任何回應。她不禁擔心了起來，正要打電話給鈴木先生時，剛好鈴木先生也來電了。

「喂喂，你們兩個都沒事嗎？卓也沒事吧？」電話另一頭，鈴木先生的聲音聽起來有些張皇失措。

「怎麼了？我沒事，但卓也跟我走散了，我現在正在找他。」鈴木太太這樣回答後，鈴木先生匆匆拋了一句「我現在馬上過去」，就直接掛上電話。

鈴木太太不懂先生究竟在著急什麼，正要繼續找卓也時，「哇啊——」她聽見遠處有許多人在驚聲尖叫，還有人喊道：「你沒事吧？快醒醒！」

那些聲音是從鐵軌的所在之處傳來的。

此時，鈴木太太突然感到一陣嚴重的心悸。她有種不好的預感。她憂心忡忡地朝著人聲鼎沸的方向走去，那裡聚集了一群人。她心中益發不安，撥開人群向前走，接著就看見一個小孩倒臥在地上。

看起來是被電車撞飛了，頭部正流出汩汩鮮血。她定睛一瞧，那個小孩正是卓也。鈴木太太說，直到鈴木先生趕來之前的事，她都還有記憶，但在那之後發生的事，她幾乎都不記得了。

因為這起意外，卓也離開了這個世界。

夫婦倆深感懊悔。如果當時一起回家的話，如果當時沒有鬆手的話，或者如果一開始就沒有回鄉下老家的話……諸如此類的自責念頭不斷地冒出來。

「如果這個世界真的有神明或佛祖存在，為什麼我們的小孩還會死掉呢？為什麼神明沒有保護他？為什麼讓他小小年紀就離開了這個世界？他短短的人生幸福嗎？」

鈴木夫婦心中滿是失落、無法接受、悲傷、憤怒、自責及後悔等各種情緒。我看了十分不忍。

我該怎麼回答才好呢？我沉默地思考著。

這時，鈴木先生喃喃說道：

「果然和那個金髮女人有關係嗎？」

「你是指你太太在橋上遇見的那個女人嗎？」這個突如其來的問題讓我感到很疑惑。

「對。因為我也遇見了那個女人。」

「咦？這是怎麼回事？」我詫異地反問他。

鈴木先生這才娓娓道來。

原來，當鈴木先生打電話給太太時，之所以在電話中聽起來很著急，是出於一個理由。

當時，鈴木先生把老二雅也抱回老家的床上，請雙親照料雅也之後，就立刻出門，打算回去跟鈴木太太和卓也會合。結果，前方迎面走來一個有一頭金色長髮的女人。然後，女人朝著鈴木先生深深一鞠躬。鈴木先生心想，對方可能是認錯人了，於是走向女人，開口說道：

「不好意思，妳是不是把我誤認成誰了？」鈴木先生這樣詢問後，那個女人的回覆卻令人大吃一驚。

「您的孩子，是不是被電車撞了？」女人神情沉重地這麼說。

我一時之間聽不懂她話中的意思，但我心想，說不定她是在講卓也，於是便急忙打電話給我太太，同時加快腳步趕過去。

這件事跟那個女人有什麼關係嗎？

確實，單從時間點來看，那個金髮女子似乎事先就知道會發生這起意外，鈴木夫婦幾乎在同一時間遇見了那位女子，這一點也很不可思議，怎麼想都只能認為她和卓也之間存在著某種關連。

而那個關連究竟是什麼，我並不知道。

「為什麼小小年紀的卓也會發生意外過世？其中蘊藏的因果，現在的我並不曉得。抱歉。不過，佛祖和神明是存在的。」我這麼回答。

鈴木夫婦的神情明顯不滿。

這也是理所當然的。他們才剛經歷如此悲傷的離別，怎麼可能接受神佛存在的事實呢？要在此刻告訴他們「即便如此，佛祖和神明依然存在」，甚至詳細說明這件事的話，對他們來說實在是太殘酷了，因此我並未再多說什麼。

就在事情過去一年多以後，這中間未再連絡我的鈴木夫婦，突然主動連繫我，說他們想要和我見面。於是我們約好了時間。

久違的二人散發出開朗的氣息，與一年前截然不同。而且，這次雅也也一起過來了。

「好久不見了。」鈴木夫婦向我打招呼，同時深深一鞠躬。接著，他們訴說了在那之後發生的事。

在那之後，我們夫婦倆陷入傷心欲絕的情緒中，經常淚流不止，雙方的壓力都很大，也常常吵架。有一天，當我們又起爭執時，雅也對我們大發脾氣。

「我們應該要連哥哥的份一起開懷大笑才行！我要連哥哥的份一起笑！」

聽見他這句話，我們深感羞愧，於是向雅也道歉。結果，雅也繼續說道：

「哥哥跟金色頭髮的阿姨走了。」他說完就嚎啕大哭了起來。

聽見「金色頭髮的阿姨」這幾個字，我們驚訝不已。在安撫雅也的情緒後，我們就問他關於那個女人的事。

根據雅也的說法，有一天晚上，他和哥哥兩個人在房間裡睡覺，半夜，房門突然開了。然後，一個金髮女子拉起雅也的手，作勢要帶他走。雅也說，他並沒有厭惡的感覺，正打算隨她一起走時，卓也起來了，他叫那個女人放開雅也的手。

女人聽了就問：「你是哥哥啊，那你要代替弟弟來嗎？」聽到女人這麼說，卓也點頭答應了。女人見狀便放開雅也的手，頭也不回地離開房間。

過了一陣子，就在鈴木一家要回鄉下的前一天，卓也對雅也說道：

「要是我不在了，雅也，你要連同我的份一起快快樂樂地活下去喔。」

「哥哥，你要去哪裡？」雅也難過地這麼問時，卓也回答說：

「哥哥我呀，要把我們家的壞東西都帶走，在前面等著，所以你們慢慢來就好，完全不用覺得難過喔。」

聽了這些話，我們夫妻心想，如果內容屬實，原本應該是父母有一方要先走才對。但卓也大概心裡明白。其實，弟弟雅也有輕度的智能障礙。卓也多半是認為，萬一若是父母有一方走了，雅也的生活會變得極為艱難吧。

想到卓也的心情，我們開始討論要全家去一趟意外發生的地點。原本因為太過難受，我們連靠近那裡都不願意，但現在卻有一種感覺，彷彿只要去了那裡，就可以見到卓也。

隔天，我們一家三口立刻動身返回老家，然後前往卓也發生意外的現場。對我們家來說，那裡依然是一個令人傷心欲絕、無比煎熬的地方。這個事實並沒有改變。可是，我不知道該怎麼形容才好，不知道為什麼，有一股溫暖的氣息包裹著我們全家，讓心情變得很平靜。

然後，那天晚上在老家過夜時，我做了這樣一個夢。

在一片綠意盎然的草原上，綻放著許多美麗的花朵。「這地方好美啊」我心想，接著就聽見小孩子愉快笑鬧的聲音。我立刻就知道，那是卓也的聲音。卓也開心地和許多孩子一起大笑，還向我大喊「爸爸——」。

我走近卓也，一把抱起他。卓也的體溫、氣味、重量，我全都能一清二楚地感受到。然後我對他說：「我們一起回家吧！」

卓也卻這麼回答我：

「爸爸，在你們過來之前，我會一直待在這裡，我一直在看著你們，所以你放心。你要好好把雅也養大，教會他如何獨立生活喔。」他說完，就離開我的懷抱，朝花田的方向跑去。我正要追上去時，一個女人伸手制止了我。我轉頭一看，正是那個金髮女子。我停下腳步，那個女人朝我深深一鞠躬。

那瞬間，我就從夢中醒過來。

我把這個夢境的內容告訴我太太，沒想到她說她也做了一模一樣的夢。兩個人要做完全相同的夢根本是不可能的事，所以，夢境中的事一定是真的，我對此深信不疑。那麼，那位金髮女子說不定是天女[1]，或是某位神明的使者。

鈴木先生最後說道：

「三木住持，先前我曾問您，這個世界真的有神明或佛祖存在嗎，現在我明白了，真的有。至少，對我們家來說，卓也就像是佛祖一樣。為了讓卓也高興，我們今後會盡力笑著過生活。」他語氣堅定地這麼說。

然後，我目送這一家三口感情融洽的背影離開寺院。

1 天女，日本神話中的人物，泛指居住在天界、服侍天帝的女官。

# 第二章

# 願

祈禱，有什麼效果呢？

許多國家的大學及醫院等機構，都有人在進行相關的研究。比方說，請人每天為心臟病的患者祈禱，祈求他能順利康復。結果，即便病患本人根本不曉得有人在為自己祈禱，但卻能恢復得比一般的情形更快速。

就連植物也一樣。我曾聽說，有人為其祈禱的植物會長得更為健壯。

儘管這些都是建立在統計學上的結果，但無論如何，祈禱是有效的。而且更驚人的是，研究結果還顯示那些為了他人幸福祈禱的人，更不容易因為憂鬱或不安而生病。在科學及統計學上，再再都顯示了令人驚異的結果。

不過，從宗教的角度來看，這些都是理所當然的事。特別是在佛教的教誨中，就有「因果報應」這個系統，根本不需要統計資料，這件事就不言自明了。

做對他人有助益的事、為他人祈禱，會帶來善果。同理可證，做了壞事，壞事就將報應到自己身上。

在日常生活中，總有些事是我們覺得特別麻煩、特別討厭的，但如果改變思考的角度，在做這些事情時把它視為是會對他人產生助益的事，日後的回報也必定會是善的。

# 祕境溫泉

由於演講、出版相關的採訪，或是出電視的外景等工作，讓我經常有機會出遠門。

出遠門時，我都會選擇住在傳統的日式旅館或飯店，但我通常都沒有多餘的時間去觀光。特別是都到溫泉鄉附近了，也沒空去泡個溫泉、必須趕赴下一個地點的時候，我心中總不免感嘆，「真可惜，有夠浪費的」。

而這次的故事，就來自於一位喜愛走訪各地祕境溫泉的女子。

雖說是「祕境溫泉」，但這位女子去的地方，跟我原本的想像相差甚遠，都是一些遠離人煙、在深山中湧出的溫泉。她給我看過幾張照片，其中幾個地方看起來，根本就只是一灘水。

「這種像一灘水一樣的溫泉，人要怎麼泡啊？」我提出疑問。

她回答說：「這裡幾乎沒有人會過來，所以我就脫光光，像貓咪一樣蜷縮著身體泡在裡面。」這讓我十分敬佩，因為按照她的說法，這已經超出單純喜愛溫泉的程度了。她興高采烈地一一說明「這裡的溫泉水溫是幾度，有哪些功效」等等。我感受到她身上那股一個人打從心底喜愛一件事物時獨有的蓬勃朝氣，聽著聽著，彷彿連我也跟著去到當地了。

這位熱愛祕境溫泉的女子之所以來到寺裡，是想要供養一個人。

「請問您想要供養誰呢？」聽到我這麼問，方才說話時神采飛揚的女子，就像天氣驟變似地，眉宇間倏地流露出寂寞之色。

她原先明亮活潑的聲音，現在宛如滲入大量水氣般深沉，她用灰暗、沉重的語氣開始敘述。

我很喜歡造訪祕境溫泉，也很享受到達目的地之前的旅途。

我會騎越野機車（就算是山路、林道這些沒有鋪柏油的路面也能暢行無阻的機車），不需要顧慮任何人，就能獨自前往目的地。那一天，我把經度和緯度輸入手機裡的地圖，便啟程出發了。

抵達目的地所在的那座山後，我把車騎進沒有鋪設柏油的山路。大自然的清新空氣，還有從樹木枝葉間射進來的陽光都讓人十分舒服，我滿心舒暢地騎車馳騁。但我一直到不了目的地。

原因在於，手機地圖抓不到我所在的位置。畢竟我人在深山之中，有些地方的訊號很差，這無可厚非。只是現在回頭想想，或許從那個時候開始，我就遇到怪異現象了。

我在腦中估算自己所在的位置，猜想目的地的相對位置，然後不斷地在山路上奔馳。有時，我會把機車停在路邊，嘗試徒步走上山坡。儘管如此，還是怎麼找都找不到我想去的那個祕境溫泉。可是，都已經來到這麼接近它的地方了，我實在不想放棄，於是就繼續騎著車尋找目的地。

愈是迷途到筋疲力竭的時候找到祕境溫泉，心情就會愈歡暢，泡起溫泉也會特別療癒。這大概就和肚子餓時無論吃什麼東西都好吃是一樣的道理。由於我太想體會到這種喜悅，此時有點過於逞強了。

不曉得到底騎了多久，進山前才剛加滿的汽油只剩下不到一半了。直到這個時候，我才終於稍微冷靜下來。環顧周遭，天色已經暗到該開啟機車大燈了。我低頭看了看手機上的時間，還不到下午五點。

「就算現在抵達目的地，加上泡溫泉的時間，回程就是晚上了」，考慮到這一點，我終於死心，決定要回頭。

不同於天色明亮時，略微昏暗的山路非常難騎，我必須繃緊神經。長時間一直騎車，頭上又戴著安全帽，讓我身心都累積了不少壓力。

有些時候，人一旦失去目標，就連原本感到好玩的事物，都會變得只剩下痛苦。失去一定要找到祕境溫泉的目標後，徒勞無功的失落感向我襲來，先前蓄積的疲勞一口氣爆發。我的身體變得很沉重，簡直就像有個人坐在我背上一樣。

「好想找個地方休息一下，把安全帽脫了」，我起心動念後，決定隨意找一塊空地休息。雖然找不到真正的空地，但我還是在一處從下坡轉為平坦路面的地方停下機車。那是一條非常狹窄的林道，甚至稱不上是一條路。我就在這個看起來不會有其他人車經過的地方停車。我脫下安全帽，卸下背上的背包。環顧四周，我發現有一塊石頭的形狀，長得很像一張人工製成的小圓桌，於是我把背包放在上面，自己則直接坐到泥土地上。

脫下安全帽、放下背包之後，我整個人就像從三溫暖中走出來一樣通體舒暢。我盡情用鼻子大大吸了一口氣，冰涼的空氣迅速灌滿肺中。從嘴巴長長地呼出空氣後，我終於有辦法冷靜思索自己此刻的處境。靜心一想，我才注意到一件事，「現在都快要七月了，才五點天色就會這麼暗嗎？」我心中浮現這個疑問。

這個疑問馬上就解開了。由於先前我一直戴著安全帽騎車才沒發現，四周的樹木正因為強風而劇烈地搖晃著。

要下雨了！天色這麼暗原來是因為烏雲的緣故。

「要是在這種情況下下大雨，我沒有信心能平安下山」，原本好不容易才冷靜下來，此刻我心中又著急了起來。

「不快點下山就危險了」，我連忙戴上安全帽，再次發動機車。當我沿著應該是來時的那條山路往回騎時，「滴答滴答——」雨點敲打安全帽的聲音在我耳邊響起。

不知道騎了多久，我點開手機地圖，但畫面依然在轉圈圈，我無從掌握我所在的位置。沒辦法了，我只好繼續前進，就在這個時候，不可思議的事發生了。

這裡畢竟是山中林道，經常會遇到景色相似之處。即使是沿著來時路往回走，有時也會產生錯覺，誤以為自己又回到原本的路上。但這次並不是錯覺。證據是，那塊形狀有如小圓桌的石頭，就在我眼前。

「難道是我太慌張，不小心繞回同一個地方了嗎？不對呀，我根本沒有往回走，不可能發生這種事」，我心中焦急更甚，加上以前曾聽說山上常出現怪事，心裡開始覺得毛毛的。

「不管怎麼樣，我現在能做的就是想辦法下山」，當我正要再次發動機車，轉動車子手把時，頭上忽然傳來一陣宛如巨浪般的聲響。

「唰——唰——」那是什麼聲音？我頓時嚇到，但那個聲音其實只是雨點擊打在樹葉上發出的聲響。接著，在那個聲音響起的下一刻，颳起了一陣狂風，一口氣把我淋成了落湯雞。我最害怕的惡劣情況發生了。

即便如此，我依然發動了機車，在泥濘不堪的山路上，用比剛才更慢的速度行駛著。不曉得騎了多久，一直都無法騎出這座山。樹木在風中搖晃的聲響不曾停歇，雨聲比剛才更猛烈，四周也變得更暗了。面對緊急情況，我居然束手無策到這種地步，我忍不住在暗罵自己真沒用。

然而，我也不知道自己是怎麼騎的，我突然騎到一片地形開闊的地方。而且，那裡還有一間廢棄的屋子。我之所以一眼就認定那是一間廢棄山屋，是因為它的屋頂已然崩塌，屋前凌亂散落著許多瓦片，貌似玄關處的門板破爛不堪，就連屋裡的樣貌也能從外頭看得一清二楚。

「這種地方不可能有人住」，我如此判斷。為了躲雨，我決定先進去這間屋子裡休息一會兒。

「打擾了！」雖然我知道這裡沒有人，但我還是反射性地打了聲招呼。

屋子裡的空間十分寬敞，不禁令人猜想它過去曾是一棟豪宅。地板看起來有幾處破損，我就直接穿著鞋子進屋了。

靠近玄關房間附近的屋頂破了一個洞，雨水從那裡落進屋內，有幾個地方的水甚至像小瀑布一樣傾瀉而下。我繼續往屋子深處走，想找一個不會淋到雨的地方。最後我發現一個用拉門隔開的房間，這裡幾乎沒有雨水打進來。我決定待在這個房間裡休息。此時，我的內心還是很混亂，「總之必須先冷靜下來才行」，我這麼想著。

我把背包放下來，拿出裝了水的寶特瓶喝了幾口。原本我打算把這瓶水留到享受祕境溫泉時再喝的，沒想到最後居然會落得這般下場。我掏出浴巾，把溼透的頭髮、臉和身體全部擦拭了一遍。然後很不可思議的，我的內心平靜了下來。

我重新檢視了一下我的處境，思考接下來應該要做哪些事。

首先，我看了看手機，確定現在的時間。已經將近傍晚六點了。地圖應用程式依然無法顯示我所在的位置。外頭依然下著大雨。在這種狀況下，我該怎麼做才是正確的判斷呢？在自問自答的過程中，我意識到答案只有一個。「好，就在這裡過一夜吧」，我下定決心。

我並未攜帶過夜所需的換洗衣物和盥洗用具，但反正才一個晚上，總是有辦法的。背包裡還有我早上在便利商店買的飯糰和一些零食，由於我怕從溫泉裡起身時受寒，我還帶了毯子。光靠這些東西就夠我撐到明天早上了。想到這裡，我原本緊繃的神經也放鬆了下來，整個人變得非常冷靜。

我從小就認為，一個人絕不能失去冷靜。特別是騎機車到遠離人煙的深山時，絕不可以讓自己陷入混亂之中，那很容易導致嚴重的意外。我是抱持這種想法一路活到今天的。不過，那是真的嗎？

此時太陽早已西沉，我卻獨自一人待在廢棄屋子裡的一個房間，置身於一片漆黑之中，甚至還打算在這裡過一夜，我簡直是有毛病吧。我心中萌生了對自己的批判。不知道為什麼，一時之間有許多負面情緒湧上來，我知道這樣下去不太妙，心想或許聽聽別人的聲音可以讓我冷靜下來，於是我決定打電話給朋友。

「噗嚕嚕嚕嚕——噗嚕嚕嚕嚕——」拜託，接電話！妳現在不接，我可能會瘋掉。我聽著電話鈴聲，在心中祈禱朋友接起電話。

「喂喂……」祈禱成真，朋友接起了電話。

「喂喂，我現在一個人待在一間廢棄山屋裡……」我描述我現在的處境。這一刻，我只想找人抒發自己的心情。

「咦～那太慘了吧……」朋友這時好像正在居酒屋和其他人喝酒，聽我說話時感覺漫不經心。

沒多久，我就掛上電話。

一掛上電話，廢棄山屋裡的寂靜更清晰了。外頭的雨勢依然滂沱不止，但很不可思議的是，我所在的這個房間卻聽不太見雨聲。彷彿敞開的拉門是一條界線，只有此處是遭到時間遺忘的另一個世界。

我又害怕又疲憊，闔上眼，決定稍微睡一下。不曉得睡了多久，我張開眼睛醒來時，房間內仍是一片漆黑。我心想，等眼睛習慣黑暗，應該就能稍微看見什麼了，因此我直直凝視著這片黑暗好一會兒。

那是發生在一瞬間的事情。我感受到一股氣息，好像附近有什麼東西存在。那股氣息好像一直盯著我看。或許此時，我其實和什麼東西四目相接了也說不定。我對抗著內心的恐懼，打算去一探究竟。那股氣息偶而會動，身高似乎跟人類差不多。「該不會是熊吧？」我也這麼想過，但對方似乎沒有要撲過來的意圖。我睜著眼睛，全身一動也不動。然而，幾分鐘過去後，那股氣息並沒有消失。

「這片黑暗裡有東西！」就在我朝向那真面目不明的東西，在心中拚命祈禱「拜託，消失吧」的時候。

「呼啊——」我耳邊響起了像是男人大大嘆一口氣的聲音。然後，那股氣息徹底消失了。

「那個嘆息聲到底是怎麼回事？那聲音有夠沉重。就像人生遇到瓶頸、無法克服巨大難關，最終不得不放棄的那種嘆息……」各種想法掠過我的腦海，我甚至覺得那就跟我現在的處境差不多。

「放棄尋找本來要去的祕境溫泉，歷經艱辛漫長的旅途，終於抵達的地方卻是一間破爛屋子裡的一片漆黑……我打電話過去的那位朋友，現在想必正在和其他朋友開心用餐吧。相較之下，我的處境簡直悽慘無比。

除了我以外的人，此刻都在歡度愉快的時光，就算不愉快，也沒有人比我更孤單、更痛苦了吧。嗯，絕對沒有。

再仔細想想，我從小就吃過許多苦，現在的工作也很辛苦。與其他人相比，我的人生發生了許多艱辛又難受的事，一路走來絕非一帆風順，未來想必也是如此。我的人生既難且累，繼續這麼下去也沒什麼意思，我不想活了。」

萌生這種想法後，我開始考慮自殺。

「這個一片漆黑、遠離人煙的廢棄屋子，簡直就像是我人生的寫照。它是最適合結束我這一生的地點了。死吧。死吧。活著也沒什麼好事」，接著，我打開手機裡的手電筒照亮周圍，尋找可以用來自我了結的工具。結果地上正巧有一條繩子。

「太棒了。這樣我就可以死了。可以輕鬆了」，就在我這麼想時，「砰鏘——」一個沉鈍的巨大聲響傳來。我的記憶只到聽見那個聲音為止，後來我就昏了過去。

等我再次醒來時，屋子裡已有了一絲光亮，勉強可以讓我看清四周的情況。「什麼啊，原來是在做夢！」我這麼想，但卻發現自己的右手正牢牢地抓著一條繩子。「果然不是夢！」我仔細察看手中那條繩子，上面已經綁好一個足以讓頭部穿過去的圈套。

我不記得自己有綁過這個圈套，而且要綁出這種圈套，不先動一下腦筋應該是綁不出來的。如果不是我綁的，那究竟是誰綁的呢？

「那片黑暗之中果然有其他人在，是那個人綁的吧？如果真是這樣，說不定有留下腳印之類的痕跡……」一想到這點，在仍舊昏暗的房間中，我伸手到那條繩子原本的位置附近摸索。

一瞬間，我懷疑自己還沒有睡醒，可是當我的手指觸碰到某個東西時，我確定了——在我找到那條繩子的位置上，明顯有一具已經化為白骨的遺體躺在地上。看來這條繩子是那個人尋死時用的工具。

這時的我，即使看到那具遺骨，內心也沒有絲毫動搖。我想，應該是熬過那段艱辛的路途及那片黑暗而建立起的自信使然。

我走出廢棄屋子一看，雨已經停了，蔚藍開闊的天空映入眼簾。

我看了看手機的地圖，定位已經鎖定了。我立刻打電話報警，然後在原地等候救援。我望向昨晚停好的機車，大概是雨勢太大讓中柱滑掉了，整輛車橫倒在地上。當時我聽見的那道聲響，原來是機車倒地時的撞擊聲。

我再次走進屋子，此刻，就連原先陰暗無比的室內，都射進明晃晃的陽光。那幅光景十分美麗溫暖，直到現在都深深烙印在我的腦海中。

這位女子眼裡含著薄薄一層淚光，告訴我這一段經歷。後來警方告訴她，那具白骨遺體是一位年輕男子，幾年前在那裡上吊自盡。她說，她當時心中無比孤單，還採取了異常的行動，說不定是因為那個男人的靈，想要傳達自身的孤寂吧。然後，她笑著告訴我，在那個生死關頭，是機車倒地的聲響讓她恢復神智。一路以來同甘共苦的那輛機車，未來她也會好好愛惜，繼續一起征戰各地。

在至今為止的人生中，我也曾有過極為困頓的時期，好幾次都曾動過「好想死，不如死掉算了」的念頭。

不過要是當時真的死了，我會變成什麼樣子呢？大概是墮入輪迴、重新投胎，現在又再一次陷入相同的苦境。而且，如果在下一段生命中，我依然無法承受同樣的痛苦，主動選擇了死亡，那麼，再下一次的生命中，就會落入更煎熬的世界裡。

佛教的觀點是，我們所生存的這個世界，其實是一個虛幻的世界。

那為什麼要有這個虛幻世界的存在呢?那是因為我們需要一個場所修行,藉此獲得領悟。而那個場所,正是這個世界。

修行是艱辛且充滿痛苦的。但只要能加以克服,人類就會成長,變得強壯。一次次在磨練中蛻變,終能前往沒有痛苦的世界。

正確來說,並不是前往沒有痛苦的世界,而是即便依然置身於充滿磨難的世界,你的內心也不會再因苦難而興起波瀾。

這位女子在狂風暴雨中,在沒有明確路徑的道路上一次又一次迷失方向,即便不曉得自己身在何處,也不停向前奔馳。最終抵達的地方是一間破爛不堪的屋子,在一片黑暗、無盡孤寂之中,努力撐到陽光照射進來的那一刻。這段經歷或許就是一場修行的完成。她在發現那具白骨遺體時之所以能夠不為所動,多半是因為這個緣故。同時,她自身感受過的種種孤單和寂寞,可能也轉化成接納亡者心情的慈悲了。

# 遺失物

這個故事，我是從Ａ小姐口中聽來的。Ａ小姐說她住的那間公寓發生了許多怪異現象，因此來寺裡找我想辦法。

我詢問她詳細的情況，她便告訴我以下這段經歷。

Ａ小姐獨自住在那棟公寓五樓的房間，有時候到了晚上，她就會聽見一個年輕女人的聲音。那個女人似乎在說些什麼，但她聽不清楚內容。

有一天，Ａ小姐回房後，發現原本闔上的書本是打開的，杯子擺放的位置也改變了。

讓她決意採取行動的關鍵是，某天晚上她下班回家途中發生的事。

Ａ小姐從外面不經意地抬頭望向自己的公寓，結果在自己位於五樓的房間陽臺上，看到一個她從未見過、年約三十多歲的年輕女人站在那裡。

陽臺上的女人明顯也注意到了Ａ小姐，一直盯著Ａ小姐瞧。Ａ小姐嚇壞了，立刻去找管理員告知這件事，她在管理員的陪同下回到房間，結果卻發現，別說人影了，就連曾有人站在那裡的跡象都沒有。

聽完Ａ小姐的描述後，我問了她一個問題：

「這個情況是從什麼時候開始發生的呢？」

「啊，說不定是從那件事之後開始的吧……」

其實，自從Ａ小姐撿到某個遺失物後，就開始發生這些現象。

「那個遺失物是什麼？」

「我撿到一個錢包。」

「那個錢包已經交給警察了嗎？」

「其實我沒有拿去警察局。」

有一天，A小姐下班後和同事一起去喝酒，回家的路上在路口發現一個錢包，她就撿了起來。但那時A小姐已經喝得爛醉如泥，加上當時又在下雨，她沒有把錢包送去警察局，就直接把它帶回家了。

「結果就一直拖到現在都還沒拿去警察局。家裡好像就是從撿到那個錢包開始發生怪事的。」

「我明白了。那就先把錢包送去警察局，暫時觀察一下情況好了。」

她聽完我的話後就離開了，不一會兒，我就接到她驚慌失措的電話。

「我仔細一看，才發現錢包上有一個御守。難道是這個御守招來了什麼東西在作祟嗎？」

「那畢竟是御守，應該不至於會有這種情況，總之，請妳先把錢包交給警察吧。」

後來，A小姐把撿到的錢包送到警察局時，警方告訴她：

「這個錢包的失主有可能已經在找它了。如果錢包的內容物和外觀都吻合，確定是某個人遺失的話，我們會馬上跟妳連絡。」

過了一陣子，A小姐收到警方的通知。

「我們找到那個錢包的主人了。失主是一位三十多歲的女性，不過，那個人已經過世了。」

錢包的主人就是在A小姐撿到錢包的那個路口被車撞死的。在那個女人被車撞到時，錢包不曉得飛到哪裡去了，後來剛好被A小姐發現、撿了起來。

而尋找錢包的，是那個女人的先生和雙親，他們非常感激A小姐。

「謝謝妳把它送到警察局。其實，我們一直在找這個錢包。」

為什麼他們一直在找那個錢包呢？原來過世的女子有一個年幼的女兒，這個小女孩向他們要求「一定要找到媽媽的錢包」，但他們不管怎麼找都找不到。現在因為A小姐的緣故，錢包終於能夠回到死者家屬的手上。

家屬在A小姐面前打開錢包一看，裡面裝了一家人和小孩的照片。

「啊——太好了！這下總算物歸原主了。」

A小姐放下心來。但有件事一直讓她很在意。那就是錢包上的御守。

下一刻，小女孩說：「我想看看這個御守裡裝了什麼。」

但大人們擔心，打開御守可能會遭到天譴，因此決定作罷。

這時，原本就很在意那個御守的A小姐，向家屬提出一個建議。

「既然小孩都那樣說了，如果你們願意的話，我認識蓮久寺的三木住持，不如先徵求他的同意，請他確認御守裡面裝了什麼，你們覺得怎麼樣？」

於是，A小姐和那位女子的家人一同來到了蓮久寺。

在聽完整件事的來龍去脈後，我便說：「我知道了。就由我來打開御守吧。」於是我先誦經，然後把御守裡頭的東西取出來。

沒想到，御守裡頭裝的，居然是那位女子在過世前就寫好的遺書。一封給自己的雙親，一封給她的先生，還有一封是給女兒的。在這些遺書裡，她簡直像預料到自己可能會突然過世似的，寫下了這樣的內容：

「要是我死了，不要太難過喔……」

「就算我不在了，你也要加油喔……」

詳細的內容我不便透露，但上面寫著諸如此類的內容。

在這件事情過後，A小姐家中再也沒發生任何靈異現象了。

乍看之下，人們會認為這是靈異現象，但這或許是車禍身亡的那位女子，因為「想讓家人看到遺書」的意念而引發的事件。

人們經常下意識地認為「靈異現象」等同於「恐怖」，但其中或許藏著亡者想要傳遞的某種訊息也說不定。

去了美麗的地方、見到了優美的景色，是一段十分幸福的時光。如果能有人跟你一同分享美景，幸福感又會更加倍。這一點，在悲傷的事情上也是一樣的。就算發生了悲傷或痛苦的事，只要有人能共感那份悲傷和痛苦，光是如此，內心就能覺得輕鬆許多。

在這層意義上，靈異體驗說不定算是一種孤獨的體驗。為什麼我這麼說呢？因為這類體驗既沒辦法用科學去推斷，又很難獲得他人的共感。

不過，某些遭遇靈異現象的人，或許仍渴望有人能理解自己、相信自己，這個時候他們就會來找我談話。

這個故事中的女子，就是因為想獲得他人理解而來找我的。

「這也是理所當然的，一開始根本沒有人願意相信我。」以這句話起頭的女子，語氣微微地透著興奮。她姓葉山，今年三十多歲，住在公寓大樓，從事ＩＴ相關工作。她的興趣是搬家。由於只要有電腦，她不管在哪裡都可以工作，因此似乎經常搬家。

其實我還滿常住到凶宅的。凶宅最大的好處就是房租超級便宜。屋子裡曾發生的事情愈嚴重，房租就愈便宜。比方說發生過凶殺案，或者曾死了不只一人的屋子，房租就會便宜到不可思議。由於我不相信靈異現象，所以我完全不會害怕。我單純是被便宜的房租吸引而住進凶宅的。有時候，我家會出現莫名的聲響、大門還會自己打開，但我認為這只是建築結構不良的緣故，並非是靈異現象。要是相信世界上有靈異現象的人，八成會一口咬定這些情況是靈體在作祟。

但如果你問我，我現在依然否定「靈」的存在嗎？我的答案與以往不同。我已經明白了，「靈」是真的存在的，而靈體引發的靈異現象也是真的。我親身經歷的靈異現象，就發生在我現在住的這棟公寓中。

我平常工作時總是一直盯著電腦，因此習慣藉由搬家來消除一點壓力。房間就不用說了，光是出門買東西時看到不同的街道景色，就能幫助我轉換心情。環境的變化能有效舒緩我的壓力。

我平常就不會買那些非必要的物品，換句話說，我是一個極簡主義者。就連搬家時，我也只需要三個紙箱就夠了。因此我搬家幾乎不需要耗費金錢、時間跟體力。

奉行極簡主義的我在搬家時最重視的事，當然就是房租。我之所以注意到凶宅，就是因為可以用低廉的價格搬到更寬敞的房子。

按照房仲的說法，我現在那間公寓以前曾有住戶自殺，而且那棟大樓裡，還有其他幾戶也是凶宅。

就在我入住之後，發生了一些事。我家在四樓，但有一次我踏進電梯按了四樓的按鈕，電梯並沒有停在四樓，而是直接上到五樓了。我立刻連繫管理公司的人，請對方來檢查電梯，但他們沒有發現任何異常。

有一次，我獨自在家裡工作時，藍芽喇叭突然傳出了音樂聲，而且還是我聽都沒聽過的音樂。此外，某天當我打開門鎖正要進屋時，感覺到有人從裡頭把門拉住。我使勁地往外拉，才稍微把門拉開一條縫，這明顯是有人從屋裡拉住了門把。於是我立刻報警。警方抵達後，我再次開門進屋，結果輕輕鬆鬆就把門打開了，屋裡根本沒人。當我返回屋裡工作之後，浴室卻傳來了聲響，我走過去一看，發現蓮蓬頭自行噴出了水來……

諸如此類的事不勝枚舉，但我從來不覺得這是靈體在作祟，我認為這只不過是許多偶然情況碰巧一起出現罷了。不過，後來卻發生了一個決定性的事件。

有一天深夜，我家隔壁傳來「唰啦唰啦——唰啦唰啦——」的聲音。我在心裡嘀咕，老實說，這種在大半夜發出來的噪音真的讓人很困擾。但我心想，說不定等一會兒就安靜了，於是決定忍耐一下，先去睡覺。

沒想到那個聲音每隔幾分鐘就會響起。到底是什麼聲音呢？我集中精神一聽，才發現那是打麻將時洗牌的聲音。我也想過要不要去警告他們，但我不喜歡與人爭執，就決定戴上耳機睡覺。我打開耳機的降噪功能，就徹底聽不見那個聲音了。這下終於能安心睡覺了。我才剛放下心來的瞬間，一段我從未聽過的音樂突然從耳機中流洩而出。我不假思索地取下耳機，音樂聲卻依然持續著。就在我心想「難道是耳機連到其他人的播放器了嗎」的時候，「叮咚——叮咚——」，我家的門鈴突然響了。這種大半夜的會是誰啊？我看向屋內的對講機螢幕，發現一個陌生男子站在我家門口。

我按下對講機的通話鍵，心驚膽顫地說了聲「您好」，結果那個男子一語不發，直接轉身離去。「八成是個醉漢」，我心中下了這個結論。接著，當那個男子離開後，隔壁的噪音和我耳機裡的音樂也同時消失了。

到了隔天早上，我踏出家門正要去買東西時，跟我住在同一層樓、偶爾會碰到面的一位住戶對我這麼說：

「葉山小姐，我昨天晚上很晚才回來，有人站在妳家門口對吧？」

這位住戶和我家之間隔了三戶，他說他凌晨兩點左右返家時，看到一個男人站在我家門口，那人什麼也沒做，就只是呆呆地站著。他回到自己家後，總覺得有點掛心，於是又打開門張望外頭，發現那個男人依然站在原地。然後，男人伸手按下了對講機的按鈕，過了一會兒，男人就從我家隔壁那一戶的門前消失了。

他用「消失了」這三個字來描述那個男人，這讓我有點疑惑，「你說消失了，是指打開門鎖，回到他家的意思嗎？」我問。

沒想到他回我說：「什麼門鎖？那間房根本沒有人住！」

我頓時不寒而慄，他繼續往下說：

「這個大樓發生過不少事，常常有東西跑出來喔。」他一邊回我話，一邊伸出癱軟下垂的雙手，做出幽靈的模樣。

其實我對他的話半信半疑。剛才我說，發生了一個決定性的事件，就是在這天深夜發生的。

這天，我和工作上的客戶碰面開會，接著又和朋友去吃飯，在居酒屋待到很晚。我在飯局上，把前述的靈異體驗告訴朋友，朋友聽了便提議飯後要來我家過夜。老實說，我心裡原本就毛毛的，這下真是得救了。

我們回到我家大樓前面時，剛過凌晨兩點。我們走進電梯，按下四樓的按鈕，電梯開始緩緩上升。

「就停在其他樓層吧。」朋友一說出這種玩笑話，「哐啷——」一聲，電梯突然就停了。

朋友愣住，我和她面面相覷，然後，我趕緊按下電梯的緊急按鈕。一個像是電話鈴聲的聲音響起，卻一直沒有人回應。當我正要按第二次時，一個男人的聲音從對講機上傳了出來。

「這裡是〇〇保全公司，請問發生了什麼事？」

「我們被關在電梯裡了。」我說。

「請您稍候。」對方這樣回應後，就暫時安靜了一會兒。朋友笑著說：「這搞不好就是靈異現象呢。」

「讓您久等了。我馬上幫您啟動電梯，請稍候一下。」接著又是一陣寂靜。幾分鐘過去了，電梯卻沒有絲毫要啟動的跡象。朋友和我內心都泛起了不安的感受。

又過了五分鐘以上，我們依然不見任何動靜。

我再次按下緊急按鈕說：

「不好意思，請問現在情況怎麼樣了？沒問題嗎？」我話剛說完，對講機那頭就傳來回應：

「我們正在試著遠距啟動電梯，請再稍候一下。我們在監視器上有看到三位的身影，所以不是電力系統的問題，請您放心。」聽到對方這麼說，朋友立刻大聲說道：

「不好意思，我們只有兩個人喔。你是在看哪裡的監視器？」

「是○○公寓的電梯。錯不了的。跟妳們兩位一起在電梯裡的那位先生，正抱著膝蓋坐在角落，抬頭看著妳們，對吧？」

我和朋友震驚地面面相覷。

「一個我們看不見的男人正在看著我們？」一想到這點，突然，電梯內的燈光瞬間熄滅，又再度亮起，這時，電梯動了，在四樓停了下來。我們趕緊衝到電梯外面。

我們跑到離電梯有一段距離的地方，朋友用幾乎要哭出來的聲音說：

「我，看到了……」她說完，我也發抖地回應：

「我也看到了。」

電梯裡燈光熄滅的那個瞬間，只有角落朦朧的亮著，我轉頭一瞥，就和一個雙手抱膝望著我們的男人四目相接。

不管怎樣，先回家再說。我們沿著走廊前進，不料，卻看見電梯裡的那個男人就站在我家門口。就在我不知所措時，男人緩緩移動腳步，然後門也沒開的直接穿進了隔壁那戶的屋子中。

這下我和朋友也不敢進屋了，也不敢再搭一次那個恐怖的電梯。正當我們一籌莫展時，那位和我相隔三戶的鄰居打開家門，朝我們走來。

「妳們還好嗎？看到什麼了？」他這樣問。

「一個陌生的先生……」我用顫抖的聲音回答後，鄰居就請我們先到他家去。

然後，他告訴我們一件令人詫異的事。

他說我租下的那戶房子，幾個月前發生了一起凶殺案。而案發的導火線，就是隔壁鄰居發出的噪音。

一開始，是我家隔壁的住戶打麻將到深夜，住我那間的前住戶就去向鄰居抗議、要求改善。沒想到打麻將的那位先生惱羞成怒，故意找碴似地每天半夜都去按前住戶的門鈴。

結果，前住戶就和打麻將的先生槓上，開始用音量開得超大的音樂回擊。

兩人的意氣之爭持續了幾天之後，前住戶決定找對方談和，希望雙方停止互相騷擾的行為。

於是，他邀請對方到我現在的家中坐下來談。但萬萬沒想到，過程中兩個人又起了爭執，前住戶拿刀刺殺對方之後，隨即在那裡自殺。

得知真相的我，那天晚上只得去朋友家借住，隨後立刻解約了那間公寓。深夜的麻將洗牌聲、從耳機流洩的神祕音樂、擾人清夢的門鈴聲……搞不好那兩個人到現在都還在爭吵。不過，電梯裡那個男人的落寞身影，或許透露出他其實已經不想再繼續吵下去的心情。

如果當時只有我一個人看到，恐怕任誰都不會相信我。我也一定會試圖說服自己「那只是一場惡夢」，努力忘掉這件事。但因為朋友也同時看見了，就證實這件事是真的。

有了這次的經驗，我相信人類在過世後並不會歸於虛無，而是會留下靈魂。

葉山小姐用這句話作結後，拜託我為公寓裡至今可能還在吵架的那兩位住戶進行供養。聽完她的請求後，我如此回答：

「供養素不相識的人，是一個很高尚的行為。為素不相識的人祈禱，也是一樁美事。我們一起來誦經吧。」

葉山小姐聽了，有點不好意思地說：「雖然搬家這件事，現在已經成為我的興趣，但其實，原本我並沒有特別喜歡搬家。」

事實上，葉山小姐曾從雙親那裡繼承了一間房子，最後卻因為鄰居的緣故不得不搬家。當時她內心非常難受、懊悔，甚至感受到無比孤獨。

後來，她就捨棄了非要住在同一個地方生活的想法，轉為用「隨時都可能搬家」的心態去度日，心裡才因此輕鬆了一些。一直到現在，搬家這件事對她來說甚至已成為一種樂趣。

她說，正是因為她經歷過那種不愉快，所以她對故事中兩造的心情都能感同身受。她猜想那兩個人還在世時想必都不好過，連過世後還要繼續吵架實在太可憐了，所以才來請我供養他們。

對人類而言，能夠對別人的遭遇感同身受，是一件很重要的事。能夠同理彼此的感受，會成為一種救贖。不過，雖然「共感」可能召來幸福，但也有可能會帶來不幸。

好比說，一群人聚在一起吐苦水，彼此同理，最後大家一起陷入絕望之中，這絕對不會帶來好結果。在相互接住對方的感受之後，必須要進一步去摸索跳脫困境的方法。即使心裡可能會出現「這種事根本辦不到」的消極念頭，但人類擁有未來，每個人都具備改變未來的力量。

這一點，並不分喜悅或悲傷，甚至，即使同理的對象已經離世也一樣……

# 不要推我！

我曾聽說，人類演化的順序是先用雙腳站立，再開始使用雙手，然後才逐漸習得智慧。如果這個演化論是正確的，那麼我希望人類能夠更加進化。

舉例來說，人類對背後發生的事完全沒有防備能力。因此我希望人的脖子能夠旋轉一百八十度，或者是後腦杓能長出眼睛之類的器官，擁有看清自己背後情況的能力。

為什麼我會如此企盼人類能加強對背後的防備呢？這是因為一位名叫田中的先生，他告訴我下面這段經歷。

我開始察覺事情不對勁，是源自日常生活中的小事。

我獨自住在一個連洗衣機都沒有的狹小房間，所以平常我都是去附近的投幣式洗衣店洗衣服的。

有一天，我跟平時一樣下班、吃完晚餐，就去投幣式洗衣店洗衣服。那件事就發生在我洗完、烘乾衣服，回到家之後。當時是夏天，氣溫高到連晚上也會流汗，我決定換上剛洗好的T恤。

我脫下吸了汗水、黏在身上的衣服，正要穿上另一件乾淨T恤，就在要把衣服套上頭的瞬間，我的左肩出現一種被人用手指輕輕戳了一下的感覺。我心想可能是身體碰到了什麼東西，於是停下動作，轉過頭去看。但什麼也沒看見。大概是心理作用吧。我再次把頭套進T恤裡，但馬上又感覺到肩膀被什麼東西戳了一下。我立刻轉身，卻依然沒有看到有什麼東西碰到我。

那一天沒再發生任何事。不過幾天後，我在洗澡時，身體又被按了一下。這次的感覺跟之前明顯不同，之前只是被指尖輕輕戳按，但這次卻是像雙手的手掌整個壓住我的背後。後來又過了幾天，我再次出現被什麼東西按壓的感覺。

接下來，每隔幾天我就會遇到一次這種感覺，而且這個現象出現的頻率愈來愈高。原本大約是每五天一次，漸漸變成每三天一次。這還不打緊，重點是那種感覺愈來愈強烈。

有一天，當我出門工作、人正要坐進車子駕駛座的時候，一股力量忽地撞擊我的後背，我頓時失去了平衡，頭先跌進了駕駛座，撞到了方向盤。

從那次開始，我每次在車站或天橋上下樓梯時，都會牢牢抓著扶手。有一次，我在車站樓梯上被那股撞擊力道猛地一推，差點摔了下去。又有一天，我走在人行道時，被那股力道狠狠一推，險些跌到馬路上。每次我都立刻回頭，但總是沒有看到其他人。由於這類怪事實在太常發生了，這讓我在車站月臺上等車時，開始習慣背對著鐵軌。

可能有人一聽到這種情況，就會把它跟靈異現象連結在一起，不過我完全不信那一套。但我懷疑自己之所以會這樣，說不定是某種特殊疾病造成的，於是我決定去醫院求助。

我請平時常去的那間醫院開了轉診單，讓我到大型醫學中心做檢查，看看腦部是否有異常。就連後背神經、肌肉動態、骨骼形狀等都檢查了一遍。結果並沒有發現任何異常之處。接著我又去看了精神科，醫師說也許是壓力造成的。最終，我還是沒有獲得能使自己信服的答案。

到了這個地步，我不得不懷疑這可能是靈異現象或靈體作祟了。過去我從不相信那方面的事，但我想把自己力所能及的事都做一做，所以今天才會過來寺裡，請三木住持幫忙誦經。

田中先生說完之後，我提出了一個問題。

「田中先生，你有沒有在不知情的狀況下，去過那些人們口中的靈異地點，或者去爬過什麼山呢？」

我之所以會這麼問，是因為靈異現象，特別是像他所遭遇如此明確的現象，多半都是由某種契機引發的。不過，田中先生說他應該沒去過那種地方。

「不知道原因也無妨，我們先來誦經也可以。那就開始吧。」

雖然田中先生來此的目的是想消災解厄，但他心中仍然是半信半疑。此時，他的心態就只是來完成一項任務罷了。

我全心祈禱，希望能平息田中先生遇到的靈異現象。誦經結束之後，他表示並未感受到什麼特別的變化，就逕自回去了。

當天晚上，我接到田中先生的電話。他的狀態和白天我與他碰面時截然不同，似乎陷入恐慌之中。

「三木住持，我知道為什麼我會碰到那些事了！」他這麼說。

我問他那個原因是什麼，他只說他現在不敢一個人待在家裡，會馬上過來寺裡一趟，然後就匆匆掛上電話。

過了一會兒，田中先生來了，他的模樣顯得非常害怕。我們才一踏進本殿，他就劈頭對我說：「那個人恨我，是那個人來找我了！」

我端茶給他，等他的情緒稍微平靜下來後，我才請他說明事情的原委。

「我想起來了。都是因為那天的事，這些現象才開始出現在我身上的。」

有一天，田中先生走在時常經過的路上，發現一大群人全都抬頭往上看。田中先生順著人群的目光看去，看見大樓的屋頂上站著一個男人。警察和消防員正紛紛大聲勸他「你不要這樣」、「別做傻事」。

田中先生在人群中佇足，好奇看著那個人接下來會怎麼做。當情況膠著許久之後，田中先生開始不耐煩了。

一開始，他的心裡同樣也想著「別做傻事」、「再冷靜想想啊」，但隨著時間一分一秒的過去，他腦中的聲音開始轉變成「這人真的有要尋死嗎」、「他該不會只是想引人注目吧」等等，對那個男人的負面情緒不斷湧上心頭。

然後，他幾乎在無意識的狀態下脫口說出「快點跳下來啦」。當四周的人全都把頭轉過來看著他，他才發現自己把這句話說出口了。就在那個瞬間，大樓上的男人發出「唔哇——」的吼叫聲跳了下來。

「一定是那個男人。那個男人，他恨我！」田中先生一邊喊著，一邊伸手摀住雙耳。然後，他顫抖著說：「剛才，他在我耳邊講了兩次，快點跳下來啦，快點跳下來啦……」

眼看時間也晚了，我一邊輕撫田中先生的後背，一邊輕聲誦經。

當誦經結束後，田中先生說，他聽見那個聲音說：「不准再說這種話囉！」在留下這句話後，那個聲音就不再出現，田中先生也沒有再遇到有人推壓自己後背的情況。

經過這次的事，田中先生深切反省，他很後悔。他說，這次的事讓他親身體認到，那個眼睛看不見的世界是存在的，還有，人類在死亡之後，靈魂依舊存在。

人類只要活著，就一定會經歷失敗。這是無可避免的事。但重要的是，不要重蹈覆轍。希望在往後的人生中，田中先生能夠善用這次經驗帶來的反省。

此外，比起田中先生，我更擔心那個自絕性命的男人。他會選擇自殺，想必是面臨艱難痛苦的境地。然而，那個靈憎恨田中先生，因憤怒而攻擊他。

只要田中先生還活著，他就有機會反省過錯，也能積累善行。但失去性命的那個男人，來生會變成什麼樣子呢？這一點令我很擔心。

在本文一開頭，我針對防範背後發生的事陳述了一些想法，但首先必要的或許並不是肉體上的進化，而是善心的進化呢。

# 頂級靈異景點

凡寺院必有山號。

舉例來說，現在由我擔任住持的這間寺院，正式名稱是「光照山蓮久寺」。像這樣在寺名之前冠上「〇〇山」這樣的山號，這種命名方式據說是從過去有許多僧侶在山上修行的時代傳承下來的。

因此像是比叡山、身延山、高野山這樣，歷史悠久的寺院，總本山都在山上。雜念較少、安靜又遠離塵囂的孤獨環境，更適合作為僧人修行的場所。

現今社會，也有許多人會前往位於深山中的寺院參拜。在這些參拜者之中，也有人會選擇名為「參籠」的方式，也就是在寺院或寺院附近住上一段時間，藉此齋戒祈禱。

以下這個故事，就是一位去參籠的男子，他親身的經歷。

我很喜歡去靈異景點探險，至今已去過不少地方。我的目標是要找出最頂級的靈異景點。

我心目中最頂級的靈異景點，指的是「今天不管誰去，都能體驗到靈異現象的地方」。為了實現這個目標，我請教過許多人。舉凡狂熱的靈異愛好者、怪談師、自稱具有靈能力的人、在怪談愛好者聚會中認識的人等等，我盡可能地問遍諸多熟悉靈異領域的人士。可是他們提供的地點，不是我已經去過了，就是網路上有網友說去了也沒發生什麼事的地方，因此，我始終都找不到最頂級的靈異景點。

有一天，我和平常一樣在叔叔的修車廠工作，某位來店裡的客人突然告訴我一個消息。

那位客人是一間公司的老闆，看他的氣質並不像是平常會聊怪談的人。先前叔叔曾告訴他，我會專程請假跑去靈異景點，結果這次他來找我，主動說道：

「我告訴你一個最頂級的靈異景點吧。」

他說的，是一間位在深山裡的寺院。

我聽了不疑有他。因為一提到靈異景點，不外乎就是曾發生意外、命案或戰事等有人喪命的地方，還有就是山裡或水邊等等。換句話說，就是那些亡者聚集的地點。

而那位客人所說的寺院，不但有廣闊的墓地，即亡者聚集之處，而且又位在深山裡，寺裡還有一個大池塘。換句話說，所有靈異景點該有的元素，那裡都一應俱全。

我立刻告訴叔叔這件事。無論如何，我都想親自去一趟，便拜託叔叔讓我請三天假。每次我提出請假的要求，叔叔都會露出一臉嫌棄的表情，但這次或許因為是修車廠常客提供的資訊，所以他一口就答應了。

出發當天，我開著愛車出門，花了四個小時左右才抵達目的地。我在停車場停好車，然後走了十五分鐘的路，先前往今晚要住宿的旅館辦理入住手續。

跟我出發前想像的一樣，那是一間爬滿歲月痕跡的旅館。一打開玄關的門，就看見一位弓著腰的老婆婆在那裡等我。對熱愛怪談和靈異景點的人來說，這可是令人無比興奮的場景。老婆婆領著我走進一個飄盪著潮濕氣味的房間，裡頭的榻榻米都磨損了。明明現在是夏天，房間裡卻擺著一張暖被桌。「該不會從冬天以來就沒有人在這裡住過吧？」我腦海中浮現這樣的念頭。

辦完入住手續，我就動身前往這趟旅程的目的地，也就是那間寺院。

老婆婆告訴我，從旅館走過去的話大概十分鐘就會抵達寺院的本殿，但我實際卻走了二十分鐘以上。

我一到本殿，就看見一塊寫著「櫃臺」的看板。我依照指示走到櫃臺，那裡有販售御守和御札等物。一旁還放著申請單，應該是供想請僧人誦經的訪客使用。可能是因為已經過了參拜時間，櫃臺裡沒有人在。

接下來，我朝本殿的右側前進，看見一塊寫著「龍神池」的木製指示牌。上頭字跡的顏色已經褪去，不走近細看的話根本就看不清楚。

我依照指示牌的方向朝龍神池走去，沿著一條林間小路前行，不久，一個大池塘忽地映入眼簾。池塘外圍環繞著一圈貌似長年未經修剪的雜木林。現在才剛過傍晚五點不久，這裡的氣氛卻十分詭異，我不由得興奮了起來，決定晚上要再過來一趟。

我從剛才就一直在寺內走來走去，卻連一個參拜者都沒看到，這讓我有點納悶。或許因為今天是平日，且過了參拜時間的關係，我心想這也挺正常的。只不過，我連寺方的人都沒有看到。

在空蕩蕩的寂靜寺院內，我獨自坐在長椅上，感受著時間的流逝。這一天沒有風，連樹木枝葉搖晃的聲音都沒有，時間彷彿靜止了。不知不覺中，坐在椅子上的我就沉沉地睡著了。

我醒來時，環顧四周，沐浴在滿月亮光中的本殿增添了幾分詭異的色彩。我低頭看了看手機，驚覺居然已經晚上十點了。我在寺內的椅子上睡了將近五個小時。這怎麼可能呢？我一時之間不敢相信，但木已成舟，這毫無疑問是真的。

有一瞬間，我想走去龍神池，但我看向先前走過的那條林間小路，現在已經變得像是一條黑暗的隧道，就連身為靈異景點愛好者的我，都提不起勇氣踏上那條路。「不管怎樣，先回旅館再說好了」，我一打定主意，便開始走下山。幸好今天是滿月，路上還算明亮，只靠手機的燈光走下坡路段也夠安全。

我稍稍加快腳步，一路上只有「唰、唰、唰——」自己鞋底擦過地面的聲音在迴盪。而這些聲波又衝擊了四周的樹木，像山中的回聲妖怪般反彈回來。持續聽著那個聲音，不禁讓我產生一種錯覺：此時走路的不只是我一個，有許多人都跟著我一起走。因此，我停下腳步，不再踩踏地面，理所當然的，那個聲音也漸漸消失了。

果然只有我一個人。確認這一點後，我再次邁開步伐。接著，又聽見了那個雜沓而至的腳步聲。我明明知道那些聲音是怎麼產生的，但獨自一人走在山路上，那個聲音聽起來還是詭異到極點。當這個狀態持續了一陣子之後，我開始覺得，我的背後和四周真的有其他人在。

「好想快點回旅館」，我至今去過的靈異景點不勝枚舉，這還是我第一次這麼想盡快離開。我一心一意向前走，完全不想在坡道上停留。

走了一陣子，我來到一個路口，眼前的路一分為二。下午過來時我只顧著往山上走，完全沒發現原來這裡有岔路。

我不想停下來太久，看準其中一條路後就邁出腳步。我的想法是，反正現在是往山下走，就算這條路不是通往旅館，山下肯定也有人居住。我再次專心地向前走。

我依然沒看見旅館的燈光。我果然選錯路了嗎？我停下腳步，轉頭往後一看。方才照亮路面的月光已經黯淡下來，我的背後只剩下一片黑暗。「不管了，就沿著這條路繼續往前走吧。就算搞錯了，既然有路，總會走到終點」，想到這一點，我決定繼續朝那個看不見的終點走去。

沒多久，下坡路段終於轉為平坦的道路，我獨自一人抵達了「看不見的終點」。我拿起手機的燈光一照，眼前是一列排列整齊的長方形石頭。

「哈哈哈哈哈……」我忍不住笑了出來。先是不小心在寺內的椅子上睡著，然後又在二選一的岔路口選錯路，自己好像不斷在往更糟糕的方向前進，這一切實在太滑稽，太可笑了。

人在陷入絕望時，有時候反而會下意識的笑出來。這或許是為了緩和痛苦而烙印在人類本能中的反射行為。

我的笑聲被四周的樹木反彈成更多笑聲傳了回來。耳朵聽見那聲音的瞬間，我內心再次萌生言語無法形容的恐懼。

「必須離開這裡！」我腦中只有這個念頭。我決定立刻從原路折返。現在除了直接闖進黑暗之中，沒有其他方法可以逃離這份恐懼了。

就在我朝那條黑漆漆的路踏出步伐時，突然注意到手機上顯示電量的圖示已經轉為紅色的了。在這種情況下失去唯一的光源，幾乎等同於送命這麼嚴重。

我開始跑了起來。至少得趕在失去光源前回到那個岔路口。

「噠、噠、噠、噠、噠——」跑過路面的聲音又轉變成大批人馬的跑步聲傳了回來。還要多久才會到那個岔路口呢？應該不遠了才對。可是，不管我怎麼跑，都還是沒看到那個岔路口。好奇怪。事情不對勁。早就應該到了才對啊。

我跑了好一段路，終於體力不支，只好改為用走的。

「唰、唰、唰——」又來了。我走路時發出的腳步聲，又擴大、反彈到我的耳朵裡。「至少讓腳步聲消失也好啊！」就在我這麼想的時候，「唰、唰、唰、唰、唰——」除了腳步聲之外，明顯還出現了其他奇怪的聲音。

我聽到混雜著「唰、唰、唰、唰、唰——」的急促腳步聲，和「噠噠噠噠噠——」的跑步聲。我下意識回過頭，當然，一個人也沒看見。但我明明聽見混雜著有人在跑步的聲音。

「這樣下去很危險！」我察覺自己面臨的危機，正想拔腿狂奔時，手機的燈光熄滅了。眼前頓時陷入一片漆黑，我虛脫地跌坐在地上。

在我停下所有動作之後，那個腳步聲依然繼續傳進我的耳裡，而且明顯是在奔跑的聲音。更糟的是，那個聲音很快就來到我身邊。我嚇壞了，坐在地上摀住雙耳，把眼睛閉上。

「唰、唰、唰、唰、唰——」那個腳步聲在我身旁停了下來。世界頓時陷入一片寂靜。我才剛這麼想，就響起一個人的聲音。

「自我得佛來，所經諸劫數，無量百千萬，億載阿僧祇……」[1]有人在誦經。下一個瞬間，許多人異口同聲唱誦同一段經文的聲音響起。

我快瘋了，一邊大吼大叫，一邊一鼓作氣地朝黑暗中跑去。此時我已經分不清自己究竟是沿著哪條路、往哪個方向跑，就只是一股勁地向前衝。

那些誦經聲並沒有追上來。幸好。我幾乎快哭出來了，雙腳仍是不停地跑。當精神和肉體都瀕臨極限時，我的腳被絆了一下，整個人摔倒在地。

摔倒之後，我的眼睛捕捉到一個光點。那道光正朝我射了過來。

下一刻，「喂——、喂——」這次，我聽見一位年長女性的聲音。

「你果然在這裡。沒事吧？」我抬起頭，旅館的那位老婆婆拿著手電筒站在我面前。

在老婆婆的帶領下，我平安回到旅館。

後來我聽老婆婆說，這座山偶爾會發生我遇見的那種事，而且會遇上怪事的人，全都是一些出於好玩的心態前來，並非真心要來參拜的人。

我很後悔。因為我的確不是來參拜，而是覺得好玩才來的。更何況這裡是神明和佛祖所在的神聖場域，可不是什麼靈異景點。我在心底暗暗發誓，下次一定要真心誠意地回來參拜。

等我回到工作的地方後，我把這件事告訴了叔叔。沒想到叔叔說，我老是丟下工作跑去靈異景點，他早就想好好教訓我一頓。他把這件事告訴常客，對方提議不如讓我去受個震撼教育，因此才會介紹那間寺院給我。

在那之後，我也向那位常客提起了這件事，對方笑著說：

1 這段經文出自《妙法蓮華經》。

「這樣啊。原來如此。你也遇到啦。」原來這位客人在年輕時，也曾在那間寺院有過同樣的遭遇。

他的故事就到這裡為止。最頂級的靈異景點，或許也會是教導我們人生有多麼嚴苛的地方。

# 第三章

# 穢

在日本，有許多人都表明「我沒有宗教信仰」。不過我認為，沒有宗教信仰和「什麼都不相信」是兩回事。

沒有宗教信仰，指的是「不隸屬於任何一個宗教團體」，這句話僅代表這個意思。至於不相信世界上存在眼睛看不見的事物，則是另一件事。

凡是日本人，不管自身有沒有意識到，其實都對眼睛看不見的事物有特殊堅持。

比方說，我有一雙每天都會使用、連續用了好幾年的筷子。假設我把這雙筷子消毒得乾乾淨淨，再拿給客人使用，我想，接過筷子的客人心裡應該會很猶豫吧。再舉一個更極端的例子，應該也有一些家庭，就算是在自己家裡，也要事先決定好爸爸用哪雙筷子、媽媽用哪雙筷子……每個人都只用自己的筷子吧。

一雙筷子就算已被使用了好幾年，在科學上，只要經過徹底的消毒殺菌，照理來說使用上就不會有什麼問題。只不過，使用那雙筷子多年的主人，他的「氣」或之類的東西會寄宿在物品上頭，其他人用了就會感到怪怪的。聽說這是其他國家的人不會有的感覺。

那麼，為什麼日本人會有這種感覺呢？我認為，那是因為大家心裡抱有日本神道中的「穢」這種概念。即使用科學方法消毒過了，但無法清除乾淨的「念」和「氣」依舊會殘留在物體上，其他人就會把那種怪怪的感覺，看作是「穢」。

從這個角度來看，很多人雖然沒有宗教信仰，卻也並非完全不相信科學領域以外的事物吧。因此我認為，日本人也深受「眼睛看不見的事物」影響。

# 民宿

提到京都的觀光，清水寺是絕對不容遺漏的觀光寺院。它在歷史上的意義自然不在話下，莊嚴肅穆的建築和庭園等值得一看的地方也很多。最近，那裡晚上還會點燈，讓遊客可以享受到夜間參拜的樂趣。

要去清水寺，必須從東大路通走上五条坂。往上走一段路後，會遇到一個有兩條分支的岔路口。五条坂之外的另一條路，是稱為「茶碗坂」的斜坡路。

這條茶碗坂上，有許多販售京燒、清水燒陶器[1]的店家比鄰而居。

那已經是好多年前的事了，我曾在這排清水燒的店家裡結識了一位陶藝家，還體驗了陶藝製作。當時他告訴我：「一個陶藝家看重的東西雖然有很多，但最重要的一定是土，說土是陶藝家的性命也不為過。」

把各種土混合、揉捏，細心將生命灌注到那些土中。這般用心製作出來的作品，根本就是名為陶器的生物了。為了製作這種充滿生命力的陶器，陶藝家會走訪各地旅行，尋找優質的土壤。

以下這個故事，就是那位陶藝家告訴我的。

陶藝使用的土形形色色。有富含鐵質的土，有顆粒粗的土，也有具備黏性或是不太黏的土。每種土之間都存在許多差異，這應該可以稱為土的個性吧。如果不了解這些特性，陶藝就會慘遭失敗。

譬如，這種土的個性溫和，容易塑形，但只要燒陶時火力太強，就很容易破裂。而那種土在燒窯時的收縮率太大，上色時容易產生名為「貫入」的裂紋等。

1 「京燒」是由於過去茶道興起，自江戶時代初期，以京都東山山麓地區為主所發展的陶器。至於「清水燒」，則是在清水寺參道五条坂上製作的陶器。時至今日，「京燒」和「清水燒」則泛指在京都燒製的陶器。

就像這樣，陶藝家必須一邊用心和土對話，才有辦法做出好作品。

把不同個性的土混合，創造出新的土，燒出來的成品就會是全世界獨一無二的珍品。為了做出這種最高等級的傑作，我年輕時也有一陣子跑遍了日本全國各地。

那已經是多年前的往事了，我聽說在某個偏遠地區，有一種土壤質地非常細緻。據傳那是一位陶藝家偶然在山上發現的。不過，要挖土帶回去必須事先徵得那座山的主人同意，於是他向主人提出請求，可惜那位主人並沒有答應。

後來過了幾年，那座山的所有權易主，改由一間房屋仲介公司管理。我一得知這個消息，就立刻連繫那間公司。對方不但允許我自行進山，還告訴我需要多少土就拿多少回去沒關係。

我掛上電話後，滿腦子只想著要盡早摸到那種土，因此我當天就搭電車前去了。

我在下午兩點左右抵達鄰近的車站，從那裡開車到上山必須花一個半小時。

我坐上計程車，說出我要去的那座山的位置。司機訝異地問：「你去那種地方要做什麼？」司機會如此驚訝無可厚非，因為那裡既不是觀光景點，也幾乎沒有住家。

我下了計程車，滿心期待地進山，用鏟子四處挖掘。然後，終於讓我找到了！光用眼睛看，就能看得出那種土的品質有多好。我伸出手指一摸，質地極為細緻，我從未見過這麼出色的土。

我立刻朝自己帶來的袋子裡裝土。我決定，只要拿得回去，能裝多少就裝多少。地面淺層的土、地面深處的土，我把各種不同深度的土分裝到小袋子裡，再塞進背包中。但若是全塞滿的話，確實會重到背不動。我只好忍痛割捨至三分之二滿的程度，即便如此，背包仍是重到讓我舉步維艱。

我背著背包，準備離開這座山。先前那位計程車司機告訴我，這附近有這裡唯一的民宿，我朝民宿的方向走去。按照司機的說法，這一帶由於人口流失嚴重，因此沒有飯店也沒有旅館，只有民宿。他說有幾戶人家都是一邊務農或從事林業，一邊經營民宿。

等我走到那間民宿，剛過晚上七點。

「我今天下午三點左右有打電話過來。」我說。

「嗯——請您先在這裡寫下姓名。寫好後，接下來是——嗯……」依對方招呼客人的熟練度來看，我猜這裡八成很少有人來投宿。

我今晚住的房間在二樓，一樓有浴室和廁所，看來老闆一家人也是住在這裡。

對方帶我去房間放好行李，就請我馬上去洗澡。我猜可能是因為他們一家人也要洗的緣故，因此我立刻進了浴室，迅速洗完澡就出來了。等我回到房間，晚餐已經準備好。餐點並不豪華，不過大概是使用了當地出產的蔬菜和稻米，餐點既新鮮又十分美味。

吃完晚餐，雖然才晚上九點左右，但由於我平時缺乏運動，今天又是爬山，又是背著沉重的背包走路，因此很快就睏了。我從壁櫥中拿出床墊和棉被，鋪在四坪大小的房間中央，立刻進入了夢鄉。

不曉得睡了多久，我醒來時已經是半夜了。我平常製作作品時都會弄到很晚，通常半夜兩點才會就寢。可能是我已習慣夜貓子的作息，剛剛又睡得太早，才會在這麼奇怪的時間點醒來。

但我之所以會醒來，不光是因為這個原因。除了我之外，好像還有其他來此住宿的客人，因為我聽見其他房間傳來有人交談的聲音。雖然聲音不大，但不曾停歇的交談聲令人有些煩躁。

惱人的交談聲似乎是從我隔壁的房間傳來的。但他們的音量又沒有大到能讓人理直氣壯地去發火抱怨說：「吵死了。你以為現在幾點啊？」因此我無可奈何地只能選擇倒頭繼續睡。

不過，一旦心裡開始介意，就算聲音再小也會令人不舒服。更何況我也睡意全失了，因此我就只是躺在被窩裡而已。

「他們到底在講什麼啊？」我乾脆豎起耳朵傾聽。偶爾可以聽清楚幾個零碎的片段，像是「好可怕」、「那個人消失了」、「靈異現象」等，都是一些怪談裡會出現的關鍵字。其實我很喜歡怪談，甚至會一邊聽Youtube上的三木大雲頻道，一邊製作陶藝作品。

人類真是一種任性的生物，原本我還覺得隔壁房間的聲音很吵，現在一想到可以免費聽怪談故事，就希望人家再講大聲一點。

於是，為了聽清楚隔壁房間的聲音，我把被窩挪動到鄰近隔壁房間的那面牆邊，躺著聽他們說話。結果，時機抓得正好，剛好下一個故事要開始了。

「這個故事，跟一個男人有關……他是一位陶藝家……」聲音透過牆壁清楚地傳來。

我心中一驚，主角居然是和我一樣的陶藝家。我很期待接下來的故事發展，於是更集中精神的注意聽。

這個故事是在說，一個男性陶藝家把墳墓中不該拿走的遺骨帶回家，結果發生悽慘的遭遇。

我在心中暗忖「真可怕呀」，沒想到故事還沒有結束。

「完全沒有預先查好資訊，無知的這位男性陶藝家，在一間旅館中過夜時，聽見從隔壁房間傳來的交談聲，他為了想聽清楚談話內容，就把被窩拉近牆壁……」故事中描述的內容，簡直就像正窺視著我此刻的一舉一動。

我忍不住害怕了起來，環顧自己房中，就在此刻，我感受到有其他人在場的氣息。我朝氣息出現的方向定睛一看，三個老人坐在那裡，正在看著我。

我想起身離開被窩，卻全身無法動彈。即使我想大叫「怎麼辦」，也發不出聲音來。然後，其中一個老人狠狠瞪著我，伸出食指，指著我厲聲說道：

「いんどかれ！」他的聲音大到響徹整個房間，語氣明顯充滿敵意。我根本聽不懂他在說什麼，但心中下意識的連聲大喊：「對不起！對不起！」雖然我不曉得自己是哪裡惹到他們了，甚至根本不曉得這些人是誰，我只知道自己冒犯到人家了。

等我再次恢復意識，已經是早上了。我心想，「昨晚的事原來是一場夢啊」，但我的被窩此刻就緊緊貼在靠隔壁房間的那面牆上。「果然不是在做夢！」我半信半疑地離開民宿。

當我走到屋外時，向民宿主人問了一句：「住在我隔壁房間的那些人已經回去了嗎？」主人臉上露出詫異的神情。

「昨晚除了您以外，並沒有其他客人投宿喔。」他這麼回答。

「怎麼可能？我一直聽到隔壁房間傳來說話的聲音，我甚至還記得他們說了些什麼。」

接著，我就把昨晚聽見的談話內容告訴民宿主人。然後，預先聲明「這部分可能是我在做夢」，然後把三個老人坐在我房間裡的事，以及對我厲聲說了「いんどかれ」這句我從來沒聽過的話，也一五一十的告訴他。

民宿主人沉默地望著空中一會兒，開口問我：

「您來這種鄉下地方要做什麼呢？」

我說，我是一個陶藝家，是來採土的。於是，民宿主人追問我採土的地點在哪裡。

我詳細說明採土的地點之後，民宿主人說道：「果然不出我所料。」他露出原來如此的神情點了點頭，然後對我說：「您先把那些土放回原來的地方……」接著他說：「いんどかれ！」

他告訴我，「いんどかれ」其實是這個地區的方言，意思是「回去」。而我採土的那個位置，是昔日村落的聯合公墓遺址。

或許現在還有一部分的遺骨在那塊墓地裡，所以昨晚的老人是來告誡我，要我「把東西放下，然後回去」。

這位陶藝家告訴我這段經歷。

墓地有時候會因為搬遷或改葬而轉換地方。在這種情況下，許久以前埋葬的遺骨可能已化為原墓地位置的塵土了。因此在遷葬時，應該要考量到遺骨已化為塵土這件事，連同土壤一起收進新的墓中。在這個故事裡，也許就是搬遷墳墓時沒有連土壤一起帶走，塵土還遺留在原地。因此就算是空無一物的地方，如果要在上頭大興土木，請務必要執行地鎮祭[2]或誠心祭拜才行。

此外，神佛居住的地點，像是神社佛閣，或者是屋久島或久高島[3]這類神聖場域，各位要特別留意，千萬不要在未經允許的情況下，擅自把這些地方的東西帶回家。

2 地鎮祭，日本傳統的開工儀式，目的在於祈求工程順利及獲得守護土地的神明許可。

3 位於九州南方的屋久島及位於沖繩東方的久高島，皆為日本自古以來的神明聖地。

# 散步

我以前養過一隻狗，那是一隻甲斐犬，雖然是性格凶猛的品種，但牠卻非常聽話又聰明。這次我要講的，就是一個跟狗有關的故事。

有一個男人第一次養狗，他幫狗狗取名為「麻魯」。他帶麻魯去散步的固定路線上有一個大池塘，他們總會繞著池塘周圍散步。

在那條散步路線上，有很多人在慢跑，不過，就算有人從旁邊經過，麻魯也不會吠叫。即使是有其他迎面走來的狗突然對麻魯吠叫，麻魯也總是不為所動。

不過，只要走到散步路線上的某個地方，麻魯就會突然大聲叫起來。那個地方擺著一張石製長椅，麻魯總是會對著那張長椅叫個不停。

我們每天都會到池塘周圍散步，只要一到那裡，麻魯就一定會開始叫。

「麻魯，為什麼你每次來這裡都要叫呢？」

男子心裡很好奇，但每次他都把麻魯帶離那裡就算了。

有一天，麻魯又跟平常一樣對著那張長椅叫，男子心想「今天就讓牠叫個夠好了」，便鬆開手裡的牽繩。麻魯衝過去對著長椅下方不停地「汪汪」狂叫。

男子低頭察看長椅下方，卻什麼也沒看見。他心想「真不可思議」，同時放任麻魯叫了一陣子。

就在散步逐漸成為每天的習慣時，男子靈光一閃，突然想到「難道是那張長椅附近出過什麼事嗎」，於是他上網搜尋那個地點。

結果，男子馬上就在網路上找到和那個地點有關的文章。他閱讀那些資料後，才知道麻魯一直叫的那張長椅下方，曾有亡者的遺骨被丟棄在那裡。

雖然不清楚麻魯每次吠叫是因為聞到了人類的氣味，還是感應到了靈體，無論如何都讓男子感到很意外，沒想到那張長椅還真的出過事。

男子心想，「雖然可能只是巧合，但原來還真的有這種事。」他心中不免覺得毛毛的，因此決定調整散步的路線。

隔天早上，一人一狗走上跟平常不同的散步路線，不料麻魯又突然在另一個地點汪汪叫了起來。

「麻魯會叫，代表這個地方可能發生過什麼事吧？」

男子這樣想，回家後就又上網搜尋，想知道剛才那個地方有沒有出過什麼事，但這次卻沒看到任何資訊。

「上次麻魯可能只是剛好辨識出人類死亡後的氣味也說不定。」男子心想。不過，當天晚上男子在看晚報的時候，赫然發現有一篇報導寫到，麻魯早上狂吠的那個地點發生了一起車禍，有一位先生不幸過世了。

「難道麻魯擁有特殊的能力？說不定只要麻魯叫，就代表那個地方要出事。」但男子轉念又想，「這件事就算說出去，大概也沒人會相信吧。」因此他並未把這件事放在心上，繼續如常地和麻魯過日子。

有一天，麻魯朝著男子發出「咕嗚嗯咕嗚嗯——」的聲音，不是吠叫，而是宛如哭聲般的嗓音，望著主人的神情十分哀戚。

「牠最近常發出這種聲音耶，說不定是我的身體出了什麼問題。」男子一想到這點，他的心裡莫名不安，便去了一趟醫院。結果很遺憾，男子得知自己生了重病。「啊啊，原來是這樣。麻魯是要告訴我這件事啊……」

後來，男子暫時將麻魯送去寵物旅館，自己則住院治療。

經過一個月左右，療程結束，他出院去接麻魯回家時，麻魯高興得拚命搖尾巴。麻魯雖然只是一隻狗，但擁有一個見到自己會這般歡喜的家人，成為男子心中強大的支柱。

「一邊和麻魯在家生活，一邊做治療吧。」

然而，男子心中時時刻刻都懷著巨大的不安。

「萬一我先走一步，麻魯該怎麼辦呢？麻魯沒辦法自己生活下去，就算把牠寄放在旅館，錢總有一天會用完，人家也不能一直照顧牠。」

過了一陣子，有一天，麻魯又望著男性，神情悲傷地「咕嗚嗯咕嗚嗯——」開始叫。

「啊啊，難道是我的病情惡化了？明天去醫院檢查一下好了。搞不好又得住院。如果事情真的變成那樣，麻魯你要加油啊，我也會加油的。」

男子在心中打定主意，伸手摸著躺在床邊的麻魯，不知不覺就睡著了。

不料隔天早上男子醒來後，昨天還活蹦亂跳的麻魯，現在卻全身冰冷。他立刻帶麻魯去動物醫院，但太遲了，麻魯已經過世。在調查死因之後，醫生診斷麻魯可能是死於心肌梗塞。

「麻魯提醒我，我生病了，牠救了我的命，結果自己卻這麼可憐。」

男子接著去醫院做自己的檢查，醫生對他說：「晚點可以跟你談一下嗎？」

「啊啊，我的生命也要走到盡頭了嗎，但要是能和麻魯一起在那個世界生活，倒也挺好的。」

他一邊猜想可能的情況，一邊去找醫生，結果醫生說道：

「雖然至今為止，也不是完全沒有前例，但你的情況非常罕見。你的身體完全康復了。」

男子心想，「說不定麻魯是代替我，才早一步離開這個世界的。」於是他來到蓮久寺找我。

「如果是我搶走了麻魯的生命，我真的很抱歉。我該怎麼做才好？」他這樣問我時，一臉快要哭出來的表情。

作為他商量的對象，我是這麼回覆他的：

「先離世的家人、寵物，如果是代替自己而死去，那麼就更應該在每一天的生活中，連同對方的份一起好好活下去不是嗎？不能只是渾渾噩噩的活著，而是要『行得正、坐得直』，今後，就抱持這樣的信念生活，怎麼樣呢？」

我話才說完，就在我跟男子談話的本殿內突然發出「汪」的一聲宏亮的狗叫聲。我想，說不定是麻魯在為男子加油呢。

# 怪談筆記

平時我除了請各界人士跟我分享他們的怪談故事，我也會把自己的親身經歷記錄成筆記，或是收集各種怪異現象發生的地點，最後才會把這些資料和筆記重新整理成文稿。我把這些素材稱為「怪談筆記」。

在寫稿時，我必須考量許多事，像是要設法讓故事主角的真實身分難以辨識、讓大家猜不出故事場景的所在地是哪裡等等。這是因為近年來發生了許多擅闖靈異景點、導致非法入侵民宅的案件，也有許多人會以言詞攻擊那些曾有過怪奇體驗的人，我希望能避免這些情況。

以下，我會在盡量保留怪談筆記原貌的原則下，向各位敘述這段經歷。

現在，因為來外地演講，我正在旅館裡寫這篇書稿。我通常不會住這麼高級的旅館，這次是演講的主辦單位特別費心了。

這間旅館令我大開眼界。旅館內有一座噴水池，水會從獅子口中噴出來。依照服務人員的說明，這是大正時代的建築。融合了日式及西方特色，建築物充滿高級感。我猜想住宿費用肯定十分高昂。真是太感謝主辦單位了。

服務人員帶我走過連結新館和舊館的走廊，來到我的房間。這個房間位於走廊的盡頭，據說這裡是舊館，又稱旅館的別館。這條走廊在轉過一個直角後，會繼續通往其他地方。帶我到房間的服務人員告訴我，舊館的房間都是特別房，相較於其他房間更加寬敞。我感受到主辦單位想讓我好好休息的體貼心意。

我的確很想好好休息，無奈事與願違。因為除了這份書稿之外，我還有好幾篇稿子要寫。

我先著手寫女性周刊的稿子。接著，完成另一篇專業雜誌的稿子。這兩篇都是跟怪談無關的文稿。然後，此時此刻，我正在寫這份書稿。

寫書稿時必須查閱各種筆記和資料，但從剛剛開始，我只要一動手翻閱資料，就會聽見「啪嚓啪嚓——」類似按下相機快門的聲音。現在的時間是凌晨十二點二十八分。我一邊把資料整理成筆記，一邊記錄現在正在發生的事。

這一刻，毫無預警地，房間的電燈自己熄滅了。雖然電燈不亮了，但由於我是用iPad寫稿，因此對我的影響不大。隨後，電燈又亮了。是只有我的房間這樣嗎？不管了，我繼續整理資料和筆記。

現在是凌晨十二點五十九分。我的iPad自己播起了音樂。同時，我聞到線香的氣味。似乎有人動了我的iPad。現在可是半夜，我關掉音樂。

「萬一重要的書稿、資料和筆記不見了，那可不得了。我不知道您是哪位，但請您不要動我的iPad。」我開口說道。接著，在房門附近響起「叩——」的一聲。我想那個東西多半是出去了吧。線香的氣味也消失了。我繼續把資料整理成筆記。

「啪噠啪噠啪噠——」一個穿著室內拖鞋行經走廊的聲音響起。接著，一個年輕女子的聲音泫然欲泣地說著「我受夠了——」。不知道她是受夠了什麼。

由於我一直聽見「啪噠啪噠——」的聲音，我便走到房間門口，這才發現房門幾乎是半開的。我回房時一定會把門關好，看來門是自己打開的。

剛才那陣「啪噠啪噠——」的室內拖鞋聲，應該是幾位旅館服務人員跑過走廊的聲音。我走出房間，看到四個服務人員正聚在走廊盡頭說話。其中一人正在哭泣。

「發生什麼事了嗎？」我主動詢問其中一人。

「沒事。不好意思吵到您了。」他說完，其他人正準備推著那位正在哭的服務人員的背往走廊深處走去時，瞬間「砰咚——」了一聲。四個人因為那個聲音嚇得花容失色，「啊——」地驚聲尖叫。

「請問到底發生了什麼事？」我再次詢問，那些服務人員依然沒有回答隻字片語，啪噠啪噠地踩著拖鞋回新館去了。於是我回到房間。時間是凌晨一點四十二分。

我回到房間後，一直聽見「啪嗤啪嗤——」類似拉開保鮮膜的聲音。我深呼吸了一口，集中精神看向房內。結果有一瞬間，我看到衣櫃那裡有許多小小圓圓的身影在動。我立刻打開衣櫃，但裡頭空無一物。

我又走到房門口，看向通往舊館深處的那條走廊，燈光只照到走廊的一半，更遠處漆黑一片，什麼都看不見。我決定先回房。時間是凌晨一點四十七分。我繼續把資料整理成筆記。

現在的時間是凌晨兩點三十二分。走廊上有動靜。好像是拖著什麼東西的聲音。我放輕動作打開房門，踏上走廊。

我朝走廊深處走去，在前面黑漆漆的地方好像放著什麼東西。再走近一看，那裡擺著一張應該是給小朋友用的木頭小椅子。

剛才我看向走廊時，還沒有這張椅子，所以是有人搬過來放的。

我想用手機拍照，正要回房間去拿手機的時候。「叩咚——」一聲，椅子倒了，消失在走廊深處的黑暗之中。我決定接下來都要隨身帶著手機，以便隨時拍攝影片或照片。

我一回到房間，iPad又自己播起音樂了。我現在關掉音樂了。我必須寫書稿，又要趁空檔記錄這些事，有點疲憊。我想，不如直接去睡覺，隔天再早點起來寫稿好了。於是，我決定上床睡覺。時間是凌晨兩點三十五分。

現在是凌晨三點三十五分。看來我剛好睡了一小時整。我其實還很睏，但有奇怪的聲音把我吵醒。

那聽起來像是交談聲，現在也還聽得到一點點聲音。

聲音是從衣櫃的方向傳來的。我想探頭進衣櫃裡，找出聲音的來源。結果我才把把頭伸進去，頓時就安靜了。然而，我的後方立刻出現聲音。

我靜靜的在書桌前坐下，用筆記紙摺紙鶴，再把紙鶴輕輕放到地板上。幾分鐘後，那隻紙鶴像是受到一股力道拉扯，開始在地板上滑動。我又做了一隻紙鶴放在地板上。我才剛把它放到地板上，紙鶴就在地板上滑動起來。而剛才那隻紙鶴也還在地上滑行。

沒多久，我就聽見小孩子的笑聲。我拿出隨身攜帶的線香，在桌上點燃，等香燒完後，才又躺回床上。時間是凌晨四點十二分。

早上七點起床後，房間地板上已不見紙鶴的蹤影。洗臉、刷牙，梳洗完畢，早上七點三十分，服務人員幫我送早餐過來。一名男子跟在那位服務人員身後，一同進到我的房間。

那位男子是這間旅館的經理，他來為昨天晚上服務人員吵到我的事道歉。

對方知道我是怪談和尚，便把一切都坦白告訴我。

這間舊館原本是〇〇的宅邸。曾幾經轉手，相繼被不同企業或個人買下來運用。最後由現任持有者買下，重新裝潢成旅館。

不過，因為這棟舊館經常發生靈異現象，所以又在旁邊蓋了一間新館，把客房都移到新館裡。

這棟舊館走廊的深處，是服務人員和員工的房間，只是靈異現象實在出現得太過頻繁，大家都很害怕，不太有人去使用。

我拜託這位經理讓我和昨晚哭泣的那位服務人員談談，結果正巧就是送早餐來的這一位。

我問她昨天晚上為什麼會哭，她告訴我，昨天她一個人待在房間，結果突然傳來小孩子嬉鬧的聲音，還有人拉扯她身上的衣服。她原本完全不相信世界上有靈異現象，但這次親身經歷之後，她終於知道那是真的，還有，那有多恐怖。

我在辦理這間旅館的退房手續前，請當時有空的員工盡量過來集合，一起在舊館深處的房間誦經。

誦經結束的同時，一大群小孩子的笑聲響起，那些笑聲朝天空逐漸遠去。我到處都找不到昨晚摺的那兩隻紙鶴，或許是被那些孩子帶到天上去了吧。

後來這棟舊館因為耐震度不足的關係而遭到拆除。我很高興能有這個緣分在它拆除之前住上一晚。

**附注**

日後我查了一些資料。原來在大正時代蓋好這棟建築物之前，這裡原本是一間兒童醫院。我看到的那張木頭小椅子，說不定就是當年的物品。

※這次，我拿出怪談筆記給大家看。但如果把怪談筆記原封不動地印在書上，不是很容易看懂，因此有一部分的內容經過增添、修正，讓敘事更加清楚易懂。

# 預知夢

夢，是一種不可思議的產物。我們為什麼會做夢呢？做夢時我們看見的又是什麼呢？科學尚未能夠徹底解開這些問題的謎底。在依然披著神祕面紗的夢境之中，有一種夢被稱為「預知夢」。這次的故事就跟預知夢有關。

我有時候也會做預知夢。以前我也曾在書中提及，我中了彩券頭獎那次，就是先做了預知夢，然後才中獎的。偶爾，一些平時常做預知夢的人會跟我連繫。

某次，一個人連繫我說，「我做了一個夢，一個叫作〇〇的地方，會在幾月幾號的幾點鐘發生地震。」後來，真的如他所說發生了地震。

又有一次，我夢到發生大規模火災時，有人連繫我說，「我夢到名叫〇〇的地方發生火災。」我上網搜尋那個地點，結果發現那正是我曾在夢中見過的地方。結果，幾天之後，那裡真的起火了。

在這些人裡頭，有一位姓山田的女子，她做的預知夢準確度特別高。這位女子年紀差不多大我一輪，從年輕時就經常做預知夢。

舉例來說，有一天她夢到自己的老公和快滿四歲的兒子。地點在夏季海邊、一望無際的沙灘上，無數遮陽傘林立，人們興高采烈地玩耍嬉戲。

她心想，「這真是美好的夏日風景！」此時，她的視線突然轉向正套著游泳圈玩水的兒子，過了一會兒，兒子的身體從游泳圈滑脫，整個人沉進海中。

在現實世界中，她們家也正打算要去海邊玩，因此她把這個夢境告訴老公，希望取消去海邊的計畫。但老公回她說那只是一場夢罷了，並沒有放在心上。

於是，他們全家人就一起去海邊了。到了目的地，一看到那片沙灘，和她在夢中看見的場景一模一樣，數不清的遮陽傘和開心享受的人潮。然後，她把目光移向兒子，小男孩正套著游泳圈在海裡漂浮，但就在那個瞬間，兒子從游泳圈中滑脫，沉進了海裡。她立刻趕去救兒子，幸好最後兒子平安無事。

我和山田小姐經常聊起預知夢的事。

夢見重大災害或案件時，如果事先公布夢境的內容，是不是就能預防不幸發生呢？要是公布了消息，最後卻什麼也沒發生，那又該怎麼辦？諸如此類的煩惱其實不少。如果在公布夢境的那一刻，未來就因此發生了改變，那不光自己會被社會大眾罵成是騙子，也可能會引發一場混亂。更何況就連做夢的本人，不到事情實際發生的那個瞬間，也沒辦法確定自己做的到底是不是預知夢。因此，真的也沒辦法輕易就公布消息。

我和山田小姐聊到是否有可能扭轉不幸未來的那一天，她做了一個非常真實的夢，真實到她猜想這可能是一個預知夢。

我跟山田小姐一樣，在做預知夢時會有一個特徵，那就是醒來後，夢境中的畫面會如同拍照般清晰地留在腦海裡。就連在夢中與自己擦身而過的人，他們身上穿的衣服、配戴的物品，在夢醒後依然都能一清二楚地回想起來。

她說，按照過往的經驗，她昨晚做的那個夢說不定是預知夢。尤其那個夢境內容關乎一條人命，因此她不知道該怎麼辦才好，心裡有點慌亂。

我安慰山田小姐，現在事情還沒有實際發生，不用擔心。請她先冷靜下來，告訴我詳細情形。

「夢中發生的事還清清楚楚地烙印在我腦海裡，我真的很害怕，三木住持，拜託你聽我說。」

山田小姐說完這句話，深深吸了一口氣，才開始敘述。

夢裡，我正走過一個大型的十字路口。外頭很明亮，我想時間應該是白天。我過完馬路後，走下通往地鐵的樓梯。路上擦身而過的人多半都穿著休閒服飾，我想當時應該不是早晨的上班時間。

由於路人相對稀疏，樓梯上並不擁擠。而我之所以確定那個樓梯會連接到地鐵車站，是因為我看見地下道裡有小型商店。

在我前面，是一條筆直向前延伸的地下道。

就在此時，「哇啊——」，一道女人的尖叫聲響起。我的視線立刻移向那個聲音傳來的方向。

然後，我就看到一位渾身是血的女子倒在地上。她的腹部好像受傷了。接著，我的視線轉向站在那位女子旁邊，一動也不動，好似正低頭看著她的一位高個子男子。

男子手中握著一把沾滿血的菜刀。衣服、臉上都沾到那位女子的鮮血。下一刻，那位男子的目光筆直地射向我。儘管是在夢中，但我心中仍是一陣顫慄，就從夢中醒來了。

「三木住持，這是即將發生的殺人案。地點和大致上的時間我都知道。而且地下道小商店賣的報紙日期我也記得。我們去救那位夢中的女子吧！」

山田小姐的神情和剛開始敘述夢境時判若兩人，她的眼睛直直地看向我，語氣十分堅定。我能清楚感受到，她確信這一定是一個預知夢。

我開始思考，如果想防患未然、阻止這起命案發生，究竟該怎麼做才好。如果要報警，不知道該如何向警方說明情況。就算想自己動手，光靠我和山田小姐兩個人要阻止這件事發生，也絕非易事。更何況案件有可能發生的那一天，我有事必須出一趟遠門。於是山田小姐表示，那一天她會和老公兩個人過去現場。我雖然歉疚沒能幫上忙，但事情就這樣定案了。

當天早上，山田小姐和她老公來到夢中所見的地鐵入口。然後，就在他們正要走下樓梯，前往夢中女子倒下的地方時，一位高個子年輕男子從他們旁邊經過。那一瞬間，山田小姐沒有發出聲音，比手勢暗示老公那個人就是凶手。

再過幾分鐘那個女子就要被刺傷了。感受到時間緊迫的兩人立刻去地鐵入口前面的派出所，告知有形跡可疑的人，然後和警察一同往事發地點趕去。

警察向那位疑似即將犯案的男子搭話，執行職務上的例行詢問，結果那位男子像是要躲避盤問似地跑了起來。

警察慌忙追了上去，就在那時，「哇啊——」，一道女子的尖叫聲響徹整個地下道。「失敗了！沒能救到她……」山田小姐心裡浮現了這個念頭，看向慘叫的那位女子，結果見到難以置信的情景。

那位女子居然一邊慘叫，一邊持刀不斷刺向自己的腹部。

「住手！」伴隨一聲大喊，那位可疑的男子搶走女子手中那把刀。緊接著，警察也衝上去制止女子的動作。

那位男子從女子手中搶走那把刀後，就站在蜷縮著身體的女子旁邊。這個場景，正是山田小姐在夢中看見的那一幕。原來，那位男子並非是刺殺女子的凶手，反倒是出手幫助要自絕性命的陌生女子的善心人士。

隨後趕到的幾名警察立刻進行急救，讓女子撿回一條命。

要是在地鐵入口叫住那位男子，絆住了他的腳步，那位女子說不定早就已經過世了。

人往往只看見事情的單一面向，就對其中的善惡妄下結論。山田小姐的這件事給了我一個警惕，我們必須要先仔細確認事實，再冷靜做出判斷。

# 白色霧靄

日文中有「牆板不升起」（うだつが上がらない）這句話，用來表示「沒辦法出人頭地的人」。這句話的由來有各種說法，其中一說是，在蓋一棟房屋時，與鄰居之間設置的防火牆，也就是在火災時防止火勢蔓延的那道牆，就稱為「牆板」（うだつ）。也就是說，如果可以升起這道防火牆，就是在考慮事情時也會顧及到附近鄰居、擁有相應財力、胸襟寬廣的人。相反的，沒辦法升起這道牆的人，就被稱為「無法出人頭地者」了。

不管怎麼說，擁有一間自己的房子，是人生中極為重大的一件事。

這次的故事，就是佐佐木先生要買房時發生的事。

佐佐木先生家裡的成員有四個人，他，太太，一個小學四年級的女兒，和一個小學一年級的兒子。他們原本一直住在公寓中，但隨著小孩的年齡漸長，佐佐木夫婦開始考慮搬家。他們打算買一間獨棟的房子，讓小孩能有自己的房間。

為了買房，我們四處看房子。終於找到一間條件出色，簡直可說是「挖到寶」的房子。那間房子的屋齡將近三十年，但重新裝潢得很漂亮，有三層樓，房間數目也符合我們的需求。而且附近就有國中和小學，到我公司的通勤時間也不會太久，地點相當好。小孩由於搬家的緣故必須轉學，但這裡和前一所學校的距離並不會太遠，因此他們也沒有異議地接受了。

擁有家人，要住一輩子的房子也塵埃落定，再沒有比這更幸福的事了。

我從小家庭就不太幸福。爸媽感情很差，不僅常吵架，甚至還會大打出手。在我年紀還小時他們就離婚了。我跟著媽媽離開家，但後來媽媽再婚的對象對我施暴，媽媽卻袖手旁觀，連出聲勸阻都沒有。最後是鄰居打電話通報，我被安置在兒童之家，一直到高中畢業前都在裡面生活。因此，現在能找到和家人一起生活一輩子的地方，對我而言是最幸福的事。

我一邊品味著這種幸福，一邊搬家。而那件事，就發生在我終於開始習慣新家的時候。

我跟平常一樣在一樓客廳吃晚餐，就讀小學一年級的兒子突然問：「那個人是誰？」神情帶著怯意。兒子伸手指的方向一個人也沒有。因此我回答他說：「沒人喔！」沒想到兒子突然大喊「我怕——我怕——」，同時大哭了起來。

兒子說有人在的位置是放冰箱的地方，那裡並沒有什麼東西可以誤認成是一個人。因此我猜八成只是他看錯了，當時並沒有把這件事放在心上。

幾天後，我因為工作必須出差一趟，要離開家裡好幾天。

出差期間，只要一到晚餐時間，我就會買便當回旅館房間，打開手機的視訊和家人一起吃晚餐。

「今天在學校開心嗎？」

「嗯，很開心。放學後，我去朋友家玩喔。」

「這樣呀，不錯耶。」

我和女兒聊天時，手機螢幕上的畫面忽然出現異狀。一瞬間像是出現了一層白色薄霧。我心想，會不會是訊號太差的關係？但聲音和畫質卻又都很清晰。

在我和女兒、妻子繼續談話時，突然，兒子的聲音插了進來。

「那個人是誰？」兒子再次這麼問。

「沒事，沒事。」妻子察覺到兒子正在害怕，背對冰箱把兒子抱起來。

「我是爸爸喔——你今天玩了些什麼遊戲？」為了吸引兒子的注意力，我對兒子這麼問。

結果，這次換女兒出聲了。

「那個人是誰？」

「怎麼了？」我對著手機說，妻子回我說：「沒事啦。我先帶他們兩個上樓。你等我一下。」接著她把手機放在客廳的桌上，帶著孩子們上二樓了。

「要不要在二樓看個電影？」妻子說話的聲音傳來之後，隨即是走上樓梯的腳步聲。

我的心臟怦怦怦地直跳。或許是血液正澎湃地流經太陽穴的緣故，我覺得我的頭部也跟著怦怦地鼓動。

要是自己不在家時他們發生了什麼事，我該怎麼辦才好？我該打電話報警嗎？現在，他們在二樓沒有遇到危險吧？也許是年幼時的陰影，形塑了我現在過度擔心的個性。

過了一段時間，妻子出現在手機螢幕前。

「不好意思耶。他們可能是從朋友那邊聽了什麼鬼故事吧。」

「有可能喔。孩子們都沒事吧？」

「嗯。現在正興高采烈地在二樓看電影DVD。」

「這樣呀，那就好。要是有什麼事，就算半夜也一定要打電話給我。」我這麼叮嚀後，妻子開朗地笑著說：「別擔心。你看你又開始瞎操心了。」

然後，就在我正要掛上電話的那一刻，手機螢幕上妻子的身後瞬間出現了類似人影的東西。但我還來不及看清楚那是什麼，電話就掛斷了。

我立刻回撥，畫面顯示出二樓的房間。

「怎麼了？」妻子問。

「沒事，我只是想說，睡前再看一下孩子們的臉。」

我心想，不能害妻子跟著一起害怕，就沒說出那個類似人影的事。

螢幕上出現正聚精會神看著電影的孩子們。

「我差不多要帶他們去洗澡囉。」

「好。晚安。」

「晚安。」最後，螢幕又顯示出妻子的臉，我清楚看見在她後方的階梯上，有一陣人形的霧氣正緩緩上升。

「喂！」我叫住她。「怎麼了？」妻子就要掛上電話的手及時打住。但我還在猶豫要不要告訴她時，那團霧氣就消失了。

「沒事。晚安。」我這麼說，妻子因我愛操心的行為笑了笑，就掛上電話。

那夜，儘管隔天一早就有工作，但我實在很擔心家人，根本難以成眠。

「我知道自己愛操心，可是那團像霧氣一樣的東西到底是什麼？兒子和女兒看到的人，說不定就和那個東西有關。」

就在我躺在床上思索這件事時，突然傳來嚇人的聲音。

「鈴——鈴——鈴——有地震！鈴——鈴——鈴——有地震！」這是手機發出的緊急地震警報。接著，幾秒鐘後，一陣劇烈的搖晃襲來。

雖然只搖晃了幾秒鐘，但搖得相當劇烈，我擺在旅館房間裡的杯子都翻倒了。搖晃一停，我立刻打電話給妻子，卻只聽見「嘟——嘟——嘟——」的聲音，沒有人接。

我趕緊打開電視收看即時新聞。

「震度五級的地區如下：○○縣、○○町、○○町……」在播報人員公布的那些○○地區中，出現了我家所在的區域。

我不斷撥打妻子的手機，還是一直沒有人接。

明天工作什麼的已經不重要了，我現在就得趕回家，於是開始動手收拾行李。就在這個時候，手機響了。是妻子打來的。

「喂喂，你們沒事吧？」我詢問，妻子的聲音隨即傳來。

「孩子跟我都沒事。」聽見她的聲音，我原本懸在半空的心終於落下。然後，孩子們的聲音跟著傳過來。

「爸爸，我們沒事！」是女兒的聲音。接著，兩人立刻又異口同聲地說：

「爺爺，謝謝！」

隔天早上，公司通知我可以馬上回家，因此我立刻回家了。我一到家，孩子們就爭先恐後地撲上來。

「你們沒事吧？」我詢問孩子們，兩人笑著回答：

「爺爺保護了我們，沒事。」

我聽不懂那句話是什麼意思，於是追問妻子和孩子們發生了什麼事。結果他們敘述了一段令人難以置信的離奇經歷。

在地震發生前不久，他們洗好澡，一起鑽進被窩時，傳來了類似地鳴的聲響，緊接著，又響起手機的緊急地震警報。幾秒鐘後，「咚地——」一聲巨響，緊接著是一陣天搖地動。

那瞬間，妻子看見櫃子就要朝孩子所在的位置倒下去。

她在心中大喊：「危險！」接著一股類似白色霧氣般的東西隨即籠罩住三人，然後，櫃子就緩緩朝另一側倒下去。一直到地震結束為止，三人都置身於那股霧氣中。他們抬頭看向霧氣上方，那裡有一張他們從未見過的男子臉龐。

孩子們注意到那張臉，就開口問：「你是誰？」

那位男子回答：「我是爺爺喔。我一直在保護你們。」

幾個月後，我們終於知道那個男人的真實身分。

起因是警察打來的一通電話。

「你父親幾個月前，在〇〇縣的家中過世了。」

我幾乎記不得我爸爸的長相。但警方從他過世後遺留下來的物品，發現我是他的小孩。

我們全家一起去了一趟警察局。當時那個人的遺體已經火化，我們領取的是他的骨灰。當警方把骨灰交給我時，遞給我幾張照片，那是我小時候和爸爸的合照。我把那些照片拿給妻子看，她面露驚訝之色，又拿給孩子們看。

然後，孩子們異口同聲地說：「啊，是爺爺！」

在那場地震中，妻子和孩子們在白色霧氣中看見的那張臉，似乎就是我爸爸。

這時我才從警方口中得知，爸爸在和媽媽離婚後，一直不曾再婚，而且曾多次為了爭取監護權而踏進家庭裁判所。

「原來爸爸一直很擔心我……」一想到這點，我就覺得很抱歉，我也許害爸爸一直生活在寂寞之中。那一瞬間，霧氣般的東西壟罩住我，又旋即消失了。

我至今依然相信，一定是爸爸在那場地震中保護了我的家人。

佐佐木先生以這句話作結。

佐佐木先生的父親見不到兒子的日子，想必是相當寂寞且難熬的吧。或許他當初其實並不想離婚，只是有不得不這麼做的苦衷。

無論如何，雖然等到離世後才終能如願，但我認為他現在終於能和佐佐木一家人團聚、一直守護著他們了。

# 第四章

# 緣

釋迦牟尼有一位弟子叫作阿難陀。

有一天，阿難陀問了釋迦牟尼一個問題。

「師父，我說不定已領悟了修行上的一半教誨。」

聽見他的話，釋迦牟尼高興地說：

「很好，說來聽聽。」

阿難陀心裡雖有幾分惶恐，仍提出自己的見解。

「為了成為任何人的善友[1]努力精進，並實際成為善友，同時讓自己周遭全是善友，這應該就是領悟修行上的一半教誨了吧？」

沒想到釋迦牟尼大大搖頭，這麼回答：

「阿難陀呀，你完全想錯了。為了成為任何人的善友而努力精進，並實際成為善友，同時讓自己周遭全是善友，這並不是領悟修行上的一半教誨。」

然後，釋迦牟尼盯著阿難陀的眼睛，接著說：

「阿難陀呀，這哪是修行的一半，根本就是領悟了所有教誨。你做得很好！」釋迦牟尼如此稱讚了阿難陀。

那麼，「成為任何人的善友」究竟是什麼意思呢？

假設有一個人說你壞話，做了讓你不高興的事，但是當那個人遇到困難時，你依然願意成為善友，努力幫助他。然後，和那個人結交為善友。「善友」指的並不是好朋友。不是跟自己感情要好的朋友，而是一同求善的夥伴。

在這種善友的環繞下生活，即是佛教修行的一切了。

如果有一天，全世界的人都為了成為善友而努力精進，並實際成為善友，最終被善友所圍繞時，就不會再有不幸的人了。

1 善友，又名「善知識」，意指具備善性及智慧，能引領人遠離諸惡、奉行諸善，於己有益之人。

# 惡緣

我正式踏進僧人的世界，是在大學一年級。從那個時候開始，我就一直頂著一顆大光頭。平常在刮鬍子時，我也會順便刮一下頭髮，因此，我只有在高中時期才會光顧美容院。那間美容院就在我家附近，現在依然在營業，每次我經過店門口，都會想起自己還有頭髮的那段日子。

這次要說的故事，就跟一位我認識的女子常去的美容院有關。

從那間美容院開幕之初，那位女子就開始光顧了。店裡除了店長神田小姐，還有另一位有本小姐。兩個同事的年齡相仿，看起來像是感情十分要好的朋友。

後來有一天，有本小姐自立門戶，開了自己的店。神田小姐對此也表示支持，非常為她高興，甚至邀來多位店裡的常客，為有本小姐舉辦了一場送別會。

在那之後的某次，那位女子跟平常一樣去神田小姐的美容院時，發現神田小姐看起來精神不佳。女子猜想可能是因為感情要好的有本小姐辭職了，讓她有些失落，便主動出聲關切，這才得知神田小姐心中的煩憂。

其實，神田小姐已經找了一位代替有本小姐的員工，經營上也很順利，不過她聽說有本小姐開了自己的店之後，生意遲遲沒能上軌道。她很擔心有本小姐，才顯得無精打采。然後，神田小姐說道：

「她的店離這裡很遠，我也不好意思勉強妳，但如果妳願意的話，希望妳可以光顧一次有本的店。」

從那位女子的家到有本小姐的店需要花上兩個小時，老實說，她覺得專程跑一趟很費事，不過兩人也認識滿久了，於是她回覆神田小姐說：「好，我會找時間過去看看。」

過了一個月左右，女子的頭髮長長了。雖然距離有點遠，她還是決定去有本小姐的店整理頭髮。

有本小姐的店才剛開幕幾個月，店內十分整潔漂亮，有本小姐看起來也和從前一樣充滿朝氣。女子特地遠道而來，有本小姐很高興，在幫她剪頭髮時，暢聊了許多開店至今的經歷。接著，話題一轉，聊起她決定自立門戶的原因。

其實，有本小姐過去在幫客人洗頭時注意到一件事，那就是店裡洗髮精和潤髮乳的品質。有一天，她覺得洗髮精的黏性好像不太夠，而且包括潤髮乳、護髮乳和其他保養頭髮的藥品等，也感覺不太對勁。

她把這件事告訴神田小姐，結果神田小姐只是敷衍地回了一句「沒這回事」，根本沒放在心上。但後來，原本就感覺黏性不足的洗髮精，又變得更稀薄了。於是，有本小姐自行購入了同一款洗髮精，在比較之後，發現確實有明顯的差異。她質問神田小姐這是怎麼一回事，神田小姐於是向她坦白，自己其實把那款洗髮精稀釋了。有本小姐不能接受她這種等同於背叛客人的行為，向她提出嚴正抗議，沒想到神田小姐竟然回她說：「反正這些客人根本不懂商品的價值，就算店裡沒用高級洗髮精，她們也不會知道。」

有本小姐表態說，明明店裡的營業額沒有下滑，她無法接受店長做出這種相當於詐欺的行為。結果神田小姐就撂下狠話說：「不然妳辭職好了！」這等於是在暗示要炒有本小姐魷魚。

女子聽到這些話，實在難以置信。要是這件事是真的，那麼神田小姐為什麼要特地拜託她來光顧有本小姐的店呢？她心中滿腹疑問。

結果有本小姐一臉歉疚地說，那應該是因為神田小姐討厭她。

有本小姐說，神田小姐會在背地裡講客人的壞話，像是舉出她討厭的客人名字，嘲諷她們的髮型根本不可愛、不合適，剪完還高高興興回家去等等。因此，神田小姐會把自己討厭的客人，設法趕到有本小姐的店裡去。

女子受到很大的打擊。從那天開始，即便交通上很花時間，她還是轉為定期到有本小姐的店裡剪頭髮。後來，她有時會在那家店的客人中，瞥見過去也曾在神田小姐店裡打過照面的人。「不少人都轉來這家店消費了啊」，她心想。

又過了半年左右，她每次到有本小姐的店，都會聞到一股強烈的臭味。那股味道實在是太臭了，她向有本小姐反應，但有本小姐卻說她什麼都沒聞到。可是女子發現，聞到這股臭味的，並不是只有自己一個人。因為有一次，另一個客人走進店裡時，明顯像是聞到異味般的摀住了鼻子，還藉口臨時有急事離開了。

那股臭味聞起來，就像是東西腐敗的氣味、混合了汗臭味，再加上野獸的騷臭味等。當女子剪完頭髮，正準備要洗頭時，她再也受不了那股臭味了，就跟有本小姐說不用洗了，然後匆匆離開店裡。

因為這個緣故，女子來找我，希望我告訴她那股臭味究竟是什麼。我在《京都怪奇談》第一集中也曾提及，我的鼻子非常靈敏，甚至可以憑氣味得知對方身上有什麼疾病或現在的心情如何等等。因此女子才會來問我，希望我告訴她那股臭味到底是怎麼來的。

由於我並沒有直接聞到那股味道，因此很難做出判斷。但根據女子的描述，以及她對那股臭味的詳細說明，我想到了一個可能的答案。

我推測，那說不定是「胡散」（うさん）的臭味。「胡散」這個由日文漢字組成的詞，是怪異、可疑的意思，我猜想臭味多半是來自這裡。

日文的「氣味」（におい）對應的漢字有兩個，一個是「匂い」，代表令人心曠神怡的香氣，另一個就是「臭い」，代表令人不舒服的臭味。也就是說，好聞的香氣我們會寫成「匂い」，不好聞的臭味我們就寫成「臭い」。

而這個故事中出現的氣味，則明顯是「臭い」。

如果把「臭い」這個日文漢字拆成兩半，就是「自」和「大」。換句話說，就是誇大自己價值的意思。因此我推測，也許是有本小姐為了誇大自己的價值而撒謊了。日積月累之下，耍心機讓自己看起來比神田小姐更好而萌生的可疑臭味，就從身體裡飄出來了。

於是，我建議這位女子可以去一趟神田小姐的店，問清楚事實真相為何。

這位女子很快就前往神田小姐的店，把來龍去脈全都告訴她。同時，為了釐清有本小姐的話是真是假，女子還帶了一瓶和神田小姐店裡同款的洗髮精，直接在現場比較兩者之間是否存在差異。結果，神田小姐店裡用的洗髮精根本沒有經過稀釋。女子為自己的言行向神田小姐道歉，還打算去找有本小姐理論，不過神田小姐卻這麼說：

「我想，有本也只是希望讓自己店裡的生意好一點，才會這樣做，希望妳別把事情鬧大。」她溫言拜託那位女子。

後來，聽說有本小姐的店在背負大筆債務的情況下歇業了。而神田小姐的店不僅開了分店，還躋身為擁有大批忠實顧客乖乖等候預約的熱門店家。

我認為人類這種生物，更愛聽信負面謠言。好比說炎上商法，就是先透過負面言論炒作人氣，藉此創造商機。對此，我們必須小心為上。

此外，更該避免的是，因為聽信這些負面言論而不慎結下的惡緣。要是輕信負面言論，還加以散布出去，交上愛搬弄是非的朋友，好運就會離你而去。我們必須對「惡」抱持戒慎恐懼之心，與惡念保持距離，好好過生活。

# 替身

動物成長到一個時期，就必須離巢獨自過活。比方說北海道赤狐，當小狐狸長大，有能力靠自己覓食之後，一旦牠回到原本的巢穴，父母就會攻擊牠，刻意促使牠獨立。那種時候，小狐狸會懇求父母讓自己回家，但父母絕對不會同意，會攻擊到牠離家為止。

在這種方式下被迫離巢的小狐狸很快就會成長，進而明白當時父母攻擊自己的用意。然後，等到自己當上父母時，自然也會對自己的小孩做一樣的事。

至於為什麼北海道赤狐要這麼做呢？因為當小狐狸的食量開始增加後，牠們在既有的勢力範圍內會找不到足夠的食物。也就是說，「避免餓死」是一個很可能的原因。從各個專業領域的角度來看，或許還有多種不同的原因，但我的想法如下所述。

如果沒有遇上意外，父母會先過世。因此，牠們或許是為了讓小狐狸趁著年輕力壯時離巢獨立，學習獨自生存下去的智慧。當然，真正的原因，只有問狐狸父母才曉得了。

動物的世界就像這樣，時間到了就必須離巢自立，那麼人類的世界又是如何呢？

到了成人日[1]，人就踏入成人的世界。從這層意義來看，或許成人日就代表了人類離巢的時刻吧。

成人禮的年齡各國不同，有些地方甚至只要十四歲就算成年了。儀式也是形形色色。其中最恐怖的就是東非馬賽族的成人禮。男孩子在年滿十四、五歲後，必須一個人前往疏林草原，獨力狩獵到一頭獅子，才會被族人認同是一個能夠獨當一面的成人。要是我是馬賽族的人，肯定到現在都還沒辦法成為一個大人。

再來，我們從「人類也是一種動物」的觀點來看。在這個視角下，我認為離巢獨立的時間，或許就是被稱為「叛逆期」的那陣子吧。

小孩子反抗父母，拚命想要獨立，但父母卻沒辦法放手，依然在各方面出手照顧。說不定，如果以北海道赤狐來說，這個時間點就是父母必須離開孩子，孩子也必須離開父母的時刻。

接下來，我們要來講一個年輕男子在叛逆期時發生的事。

我的叛逆期大概出現在國中二年級左右。染頭髮、打架鬧事、常常晚歸等，各種行徑讓父母操心得不得了。

那是發生在我正值叛逆期的事。我每天到學校，都要欺負一個姓桐本的男孩子。我只要在學校看到他，就一定會說「看到你的臉就煩，你不准來學校」之類的話霸凌他，也常常動手扁他。

1 成人日，日本在每年一月的第二個星期一會舉行成人式，目的在於向該年度年滿二十歲的青年男女表示祝福。

桐本在一年級時個性很開朗，並不是會成為霸凌對象的那種類型，但是在快升上二年級時，不知道為什麼他的個性變得很陰沉。現在回想起來，我甚至記不清自己是不是因為這個理由才開始霸凌他的。恐怕當時我並沒有什麼特別的理由，只是想找個地方抒發自己的鬱悶才霸凌他的吧。

有一天在學校，班導把我叫過去。他問我是不是有在霸凌桐本。我再三否認，表示自己才沒有霸凌他。但班導也很堅持，他說有好幾個同學告訴他這件事。因此我回老師說，「那就直接問桐本啊！」結果老師說，桐本自己也說他受到我的霸凌。

這一天，我被迫寫下悔過書，並簽下誓約書承諾不會再犯。但對當時的我而言，那張悔過書和誓約書根本不具任何意義。比起那種事，桐本居然向老師打小報告，這讓我十分火大。

隔天放學後，我埋伏在桐本回家的必經之路，想叫他為向老師打小報告的事跟我道歉。

「喂，桐本，你跟老師打我的小報告啊！」我說完這句話，就狠狠朝他的肚子一踹。桐本按住肚子倒在地上。

我拿起他的書包，在裡面找到錢包，把錢取了出來。但桐本沒有任何反應。我又繼續翻著書包，看看還有沒有其他東西，結果我找到了一個小御守。我把那個御守丟到地上，他卻拼了命的跑過去把那個御守撿起來。

錢被拿走也不為所動，對一個小小的御守卻那麼看重嗎？我感到很不可思議。然後，我決定要搶走他的御守。但桐本用雙手緊緊握住那個御守，堅決不交給我。

「只有這個不行，其他要什麼都給你！」自從我開始霸凌桐本，他幾乎都不曾出聲反抗，此刻他卻大聲地這麼說。

他如此堅持，反倒激起了我的好奇心，我不斷毆打他、踢他，憑武力硬把御守搶過來。他整個人都倒在地上了，卻仍緊緊抓住我的腳踝，哭著哀求說「還給我」。但我甩開他的手，又從上方狠狠踩下去，然後就直接回家了。

那天晚上睡覺前，我在二樓的房間內研究那個御守。

御守的外觀很普通，就是在佛寺或神社中常見的樣式。正面繡著一個大大的「替身御守」。從外面一摸，我發現裡面塞了一個有厚度的東西。摸著摸著，我萌生想要看看裡面裝了什麼的念頭。

於是我解開繩子打開御守，這才發現上面也縫死了，裡面的東西根本拿不出來。見狀，我更想知道裡面放什麼了，我決定拿剪刀剪開御守的上緣。

沒想到那個御守的袋子比我想像的還要厚實，剪刀怎麼剪都剪不開，所以我改成只剪斷袋口的縫線。這下簡單多了，我輕鬆剪完，袋子開了。

袋子裡裝著一小塊木片。那塊木片上，寫著我看不懂、類似經文般的文字。怎麼只有放這種東西？我大失所望。花了這麼多工夫打開，結果居然只有這麼點收穫。

話說回來，這個御守的袋子上面繡著「替身御守」。這個意思應該是，如果持有者遇上不好的事，御守就能代他承受吧？如果真是如此，桐本明明遭到霸凌，受了許多委屈，不就代表這個御守根本一點用都沒有嗎？佛寺和神社根本是騙人的。我在心中下了這樣的結論。

照理說，桐本從自己的經驗中應該也發現了，這個御守根本沒有發揮替身的效用，也沒有保護他，但為什麼當時他會說「只有這個不行拿走」呢？此刻，我還不明白其中的原由。

我把御守的袋子和裡面的木片用力扔出窗外，就這樣丟掉了。

然後我就看漫畫看到半夜一點多才上床睡覺。那陣子我幾乎每天都半夜才睡，學校也都是中午才去，過著荒唐的生活。

晚上睡覺時，我發現眼前忽然變得很明亮。睡覺時眼睛當然是閉上的，但有什麼東西在發光，亮到連隔著眼皮的我也注意到了。

我睜開眼，房間裡卻是一片黑暗。是心理作用嗎？不過，雖然只有短短的一瞬間，房間裡又亮了起來。我正懷疑是不是自己眼睛出了毛病時，一顆光球從窗外飛了進來，然後，輕飄飄地在半空中停下。

那正是怪談裡會出現的火球。我既害怕那顆球，也怕它一直往上竄的火焰會燒到家裡的天花板，可見那顆球之大。

我下意識想逃，正要向房門跑去時，火球攔住我的去路。我對著飄在半空、擋在門前的火球，雙手從兩旁用力拍下去。我完全沒有感受到燙，但體感上簡直像是拍到保齡球一樣，火球連動也沒動一下。我雙手拍在上面的瞬間，細碎的火星四處飛散，那些火星又化為一顆顆小火球，在房間內飛舞。我印象中，大小正好如同一個拳頭。

我無處可逃，只能瞪著大火球呆站在原地，那些小火球突然瞄準我的肚子飛過來。我的肚子像挨了一拳，那股力道帶著我仰面向後倒在棉被上。

倒下去的瞬間，我全身無法動彈。動不了，我只能一直盯著天花板看，那顆火球飛到我眼前。然後，火球從橙色轉為青白色，最後變成了一張人臉。

那是一張長髮女子的臉，她惡狠狠地瞪向我。一顆陌生女子的頭顱飄浮在半空中，而她明顯對我抱有敵意。

我既發不出聲音，身體也動不了，唯一能做的就是一直望著那張臉。我心裡很害怕，不曉得接下來會發生什麼事。女人的頭在天花板繞圈飛舞，開始唱誦類似咒文的東西。

下個瞬間，原先飄浮在四周的小火球，全都一起對準我衝過來，狠狠撞擊我全身上下。我嚇壞了，害怕繼續這樣下去自己會被殺。我在心中連聲大喊「對不起，對不起」，但那些火球的攻勢絲毫沒有停歇。當時我的感覺是，攻擊從發生到結束大概持續了一分鐘以上。

攻擊結束後，原本在房間繞圈飛舞的女子頭顱，再次飛到我的正上方，狠狠瞪著我。

「對不起，請原諒我！」我只能不斷在內心道歉，但那個女人依然瞪著我，用低沉的聲音說道：

「我會一直盯著你的。」

那瞬間，前所未有的頭痛感襲來，我就昏了過去。

第二天早上，我想從棉被上爬起，才發現全身都痛得要命。我的身上雖然沒有留下任何痕跡，但我知道是昨晚那些火球撞擊身體留下的疼痛。

我不經意地瞥向房間內的書桌，繡著「替身御守」的袋子和原本裝在裡面、寫有經文的木片，全都工整地擺在桌上。這時我才明白，昨晚那些事都是這個御守搞出來的。

我難得一早就去了學校。就算拖著疼痛不堪的身體，我也要找桐本問個清楚，那個御守到底是什麼玩意兒。

沒想到桐本請假。我向其他同學問了桐本家的地址，決定直接去他家找他。

我走到桐本家的門前，桐本剛好走了出來。我正要開口叫住他時，他一看見是我，立刻拔腿就跑。

「等一下！我只是有事想問你。」我大聲喊道，但他一直跑，完全沒有要放慢腳步的跡象。我忍著渾身疼痛追在他後面。桐本昨天被我揍的地方好像也在痛，看起來沒辦法拿出全力衝刺。

我抓住桐本後，先拿出御守給他看，然後把昨晚發生的事一五一十地告訴他。我說完後，他一臉震驚地問：

「你看到的那個女人，眼角是不是有一顆痣？」聽見他的問題，我嚇了一大跳。他說的沒錯，那女人右眼旁邊的確有一顆痣。

我確認有痣之後，他說他知道那個女人是誰，然後哭了起來。

「那個女人一定是我媽媽。」

後來，我先等他的情緒平復下來，再聽他解釋，才明白「替身御守」的意義。

桐本的媽媽在我們念國一時生病過世了。在那之後，桐本就不太與人交談，個性也變得很陰沉，開始被別人霸凌。

桐本的媽媽在過世前交給他這個御守，對他說，「媽媽死了以後，你就把這個御守帶在身上，當作是我的替身吧。」這時我才終於明白，桐本為什麼會這麼重視這個御守。

聽他說到這裡，我才終於第一次稍微能了解桐本挨揍時有多痛，有多害怕，還有他一路走來是什麼樣的心情。

「桐本，以前是我不對，對不起！」我朝桐本下跪，向他道歉，說自己真的做錯了。

後來，我請我媽媽幫忙，把桐本的御守漂漂亮亮地縫回原樣，再把御守還給他。我對父母的叛逆期也在這一天畫下句點。

至於我和桐本，一直到我們已長大成人的現在，都依然十分要好。

對於沒有外敵，也無須狩獵的現代人而言，哪個時間點可以稱為離巢自立的時機呢？或許是在群體生活中，有能力理解周遭人們的感受，彼此認同對方的時候吧。一言以蔽之，或許就是能夠理解「和」的真意時。

# 比小說更離奇的是？

人是一種容易後悔的生物。當然，最好是能過上不後悔的人生，但世事往往無法那麼順心如意。像我，就經常感到後悔。

舉例來說，我現在正是一邊感到後悔，一邊寫這篇文章。我會這樣說，是因為這本書的截稿期限已經過了。但我硬是拜託編輯延了兩次，不，是延了三次截稿日。真的是給編輯和負責校對原稿的人添了很多麻煩。要是我在寫書時能再有計畫一點，能嚴格遵守截稿日期，就不會給許多人額外添麻煩了。我此刻也正懊悔地反省著。

當然，會感到後悔的人不只是我一個。這次的故事，是我從一位前計程車司機口中聽來的奇特經歷。

那是距今大約三十幾年前的事了。當時我還在做和服的業務工作。我會走訪百貨公司、商店或民宅等各種地方推銷和服。那個年代景氣好，昂貴的和服一件接著一件銷售出去，我在推動業務上幾乎沒遇過什麼困難。我也會和妻子一同描繪美好的未來，說等將來存夠錢，就去找個南方小島蓋一棟房子，全家一起住在那裡生活。

不過那個時期，經濟即將泡沫化的傳聞已開始在社會上流竄。儘管我也曾聽說，此刻的榮景轉眼就快要崩盤的消息，但我認為那只是空穴來風。我會這樣說，是因為當時銷售和服的營業額並沒有減少，更何況我的小孩才剛出生，我根本不想去思考經濟泡沫可能即將破裂的可能性。

可惜，那些傳聞是真的。轉眼間，尚未收到的貨款開始有一些收不回來。就算已到了繳費期限，對方也沒有付款，我直接跑到那位顧客家裡，才發現早已人去樓空。當我還在納悶著「好奇怪」的時候，收不回來的貨款金額愈積愈多，我才終於感受到榮景好像真的結束了。

後來，我任職的那間和服公司開始裁員，而我也在裁員名單上。離開公司時我還未滿三十歲，不得不去找下一份工作，重新展開求職活動。

可是，在經濟泡沫化後的日本，要找到一份新工作並不是一件容易的事。我不知該如何是好，正束手無策時，在一家居酒屋中，一個體格良好的男子主動向我搭話。他說自己正打算開一家公司。那家公司是一間畫廊。他告訴我，很多過去出於投資目的買下畫作的人，現在正因資金周轉問題發愁，紛紛打算用極為便宜的價格出售那些原本高價收購來的畫作。他要買下那些畫作，再轉賣給海外的有錢人。

和服業界也正上演著同樣的情節。聽說現在有很多客人急著脫手先前高價買進的和服，拚命降價只求找到買家。

聊了一會兒，我得知這位體格良好的男子只大我一歲，我們倆的老家也還算近。後來，我們聊老家的事聊得很熱絡，非常談得來。

在愉快的聊天過程中，我開始對他提及的畫作生意非常感興趣，於是我便拜託他讓我也插一腳。他拒絕了，他說不能這麼輕易就透露收購管道。但必須背水一戰的我再三懇求，他才終於鬆口說，我們能在這裡相識也算有緣，他可以賣一幅畫給我。

他說那幅畫的行情大概落在三百萬圓左右，現在只要三分之一的價格，也就是一百萬圓就能買到。過了幾天，我與那位男子碰面，用一百萬圓現金換來了一幅畫。那幅畫上畫著一座高聳的雪山，和一位面對雪山、帶著大型行李的男人背影。我看一眼便在心中暗忖「這幅畫一定很貴」。畢竟多年來我看遍無數和服上的圖案，對自己的眼光還是有點自信。

接下來，必須把買來的畫賣到海外去。男子表示這件事他也會幫忙。方法是要參加海外的拍賣會，而這需要五十萬圓的費用。

如果不把畫送到拍賣會，就一毛錢也賺不到，我只好不情願地付了五十萬圓。結果那位男子又說，付了這五十萬圓之後，想拍賣幾幅畫都沒有限制，只賣一幅是不是有點浪費呢？我想想也有道理，就算按照行情賣了三百萬圓，東扣西扣之後我也只賺了一百五十萬圓。這時男性提議，「要不要再分你其他幾幅畫？」我自然猶豫萬分，但由於自己到現在都還沒找到工作，因此我牙一咬就決定連同其他畫作一起買進。

於是，我又多買了九幅畫，總價是八百五十萬圓。男子說，「那些畫會直接運到拍賣會的會場，你只要先付錢即可。而最初的那幅畫，我會帶翻拍的照片去會場，你手邊的畫作自己要保管好。拍賣會的日期是在兩週後，要是有順利賣出去，三週後就會接到通知，等對方連繫我以後，我會立刻通知你。」男子自信滿滿地說，他預測成交價就算再怎麼便宜，至少也會有三倍的三千萬圓，不可能低於這個數字。

總共十幅畫，總金額是九百五十萬圓。再加上拍賣會的費用，正好是一千萬圓整。這是拿出我們家所有財產、另外向爸媽及親戚借來的錢才湊齊的金額。三週後，賭上全家命運的結果就會出爐。

然而，我想您應該已經猜到了。三週後，那位男子沒有連絡我，而我當時連繫他的那個電話號碼也已經變成空號了。其實，一直到這個時候我都還沒有跟妻子講這件事。不過事情都落到這步田地，我也不可能瞞得下去。一天晚上，我向她坦白一切。妻子痛哭失聲，帶著小孩回老家去了。我遇上詐騙，失去了一切。唯一還留在手邊的，就只有面向雪山的男人那幅畫。

後來過了一陣子，一位朋友表示願意借我錢，他勸我去考計程車司機的執照。我流著淚向他借錢，考取了司機執照。然後又在朋友的介紹下成為計程車行的司機，開了很多年的車。

老天保佑，以前欠的債全部順利還清了，此時的我也離退休年齡不遠了。而我要說的事，就是發生在那陣子。

有一天，我去上夜班。我到整排都是居酒屋的街上載客，回程開過一間大寺院前面。這一帶幾乎沒有路燈，連白天都很少有人經過。因為我想稍微休息一下，才刻意選擇開進這條人少的路。

怎知我的算盤打錯了。我在為數不多的路燈下，看見那裡站著一位男子。我猜他可能是想叫計程車，便稍微放慢速度靠近。這位男子好像這才注意到我的車，慌慌張張地舉起手。

我把車開到男子面前靠邊停下，開了車門。男子卻一直不上車。我就從駕駛座探頭，主動向他搭話。

「客人，您要坐車嗎？」我問完，男子也不作聲，只是慢吞吞地鑽進車內。這一刻，我心裡忽然忐忑起來，有種不祥的預感。這條路是寺院腹地裡的小路，兩側都是寺院的白牆，而且我知道，這面牆的另一側就是一大片墓地。

「糟糕。我說不定讓不該載的客人上車了。」我心中暗叫不妙。但人家都已經上車了，我也只好硬著頭皮問對方要去哪裡。

「這位客人，請問您要去哪裡？」我出聲詢問時，極力按捺住聲音中的顫抖。那個男子用極為微弱的聲音說了一個地點。他說的那個地方我並不熟，於是我把地名輸入導航系統，沒想到那裡是在山上，開車過去要將近一小時。

「客人，導航顯示出的位置在深山裡，地點沒錯嗎？」我再次詢問，男子緩緩點頭說「對」。他回答的聲音微小而沙啞。

不管那麼多了，我發動車子。

「一般人不會在這種大半夜跑去深山裡。這傢伙果然不是這個世界的人吧？」我一邊猜測，一邊透過後照鏡打量後座的客人。

他的服裝打扮並不差，身上穿的西裝看起來頗為高級，隨身物品只有一個手提公事包。看起來就像是一個普通上班族。但男子散發出一股了無生氣的氛圍，令我覺得很不尋常。

接下來，我把目光移向他的臉。他的雙頰削瘦，臉色蒼白到令人不禁猜測他是否生了重病。綜合這些情況來看，我有六成把握，這個男子並非是這個世界的人。我想找點話聊，便向他問道：

「客人，這種大半夜的，您去山上有什麼事呢？」我小心掩飾自己的緊張，故作自然地發問。

男子完全沒有應聲，只是扯了扯嘴角一笑，露出潔白的牙齒。

「我還是少開口為妙，專心把車開到目的地就好」，我在心中暗自決定。

車子離開了街道，進入山裡，轉了幾個彎，奔馳在一片漆黑的山路上。路上只有車頭燈照到的地方是亮的，這簡直就像是恐怖電影中的場景。

終於，快要抵達男子口中的目的地了。一到目的地，我就心驚膽顫地從後照鏡觀察男子的動靜。我開口問道：

「客人，這附近就是○○了，請問要在哪邊停車呢？」我一說完，男子就回答說：「我在這裡下。」

我停好車，正要告訴他車資時，男子掏出兩張一萬圓的大鈔說「不用找了」，然後立即下車。

我馬上發動車子。為了要迴轉，我轉動方向盤。但一次轉不過去，來回調整了兩、三次。這段期間，剛下車的男子就一直看著我的車。

車子開過男子面前，我瞥了一眼後照鏡想再看看後方的男子時，那個位置已經暗到我連他是否還站在那裡都看不清楚了。

我把車開回車行，覺得自己「今晚不想講這件事」，便沒向任何人提起，直接回家了。

上完夜班的隔天，我通常會在早上十一點左右起床，但這一天我有點累，起床時已經差不多是下午了。

我起床後，冷靜回想昨天晚上的事。

那位男子上車的地點和時間，還有他的模樣，我不管回想幾遍就是覺得很不對勁。由於今天是休假日，我決定再去一趟男子下車的地點。

我自己沒有車，所以得先去租一輛車。我從來沒有租過車，但在租車行女員工親切的說明下，我順利租到車了。

租好車，我立刻動身前往昨天男子下車的地點。一開上山路，景色和昨晚截然不同。昨天晚上看起來就像恐怖電影的場景，今天卻是蔥鬱綠意搭上蔚藍天空，令人心情雀躍的簡直像要出去玩一樣。只可惜，我的人生經常會遇到出乎預料的意外。這一天也不例外。

我把車開到男子下車的那一帶後，就找地方停車。下車後，我走到男子昨晚像目送我離開一樣的地方，但那裡只有一片雜木林，並沒有其他東西。

我走進雜木林外圍，環顧四周。結果，我看見昨晚那位男子上吊過世了。

「人生比小說更離奇」這句話說的一點也沒錯。

我立刻打電話報警。警方把遺體取了下來，我也因為要做筆錄的關係跟著去了警察局。

後來，警方從男子身上的物品查出了他的身分。他涉及犯罪，走投無路了才會選擇輕生。我至今也無數次浮現「好想死」的念頭，因此我稍微能夠了解這位男子的心情。只是，有一樣物品一直激勵著我，我才能平安走到今天。那就是當初我僅剩的那幅畫。那幅畫雖然是我受騙買下的便宜貨，但那個背著沉重行李昂然面對高聳雪山的背影，一次又一次振奮了我的精神，我才能一路撐到今天。而那位男子只是沒有遇到足以鼓舞他的事物而已，他跟我並沒有兩樣。

筆錄一連做了好幾個小時，我踏出警察局時，已經是晚上十點鐘左右了。

我跟租車行說傍晚會還車，卻把這件事忘得一乾二淨，連提前打電話說一聲都沒有。「明天打電話再多租一天吧。」我心想，因為明天我還得過來警察局一趟。

隔天，公司讓我放了一天有薪假。我打電話給租車行，在能夠透露的範圍內說明情況。對方一連確認了好幾次我的姓名和住址，又表示還車時有話想跟我聊一下，問我方不方便。看來只要超過預定的還車時間，不管理由是什麼，都還是必須事先連絡。我在心中暗自反省。

一到警察局，警方就說他們查到那個男子過往的經歷了，而且從男子身上的包包找出了幾張他年輕時的照片，接著把照片拿給我看。

「司機先生，這應該是那位乘客年輕時的照片，他以前的體格看起來很不錯。你看一下這幾張照片，能看出是不是他嗎？」警察這樣問我。

但我太過震驚，根本顧不得回答他的問題。

「警察先生，我認識這個男的！」我忍不住提高音量。

原來當時坐上我計程車的人，就是以前賣畫給我的那個男人。

我把這件事告訴警方。警方回覆說，那位男子以前涉及的犯罪活動就是詐騙，他的一貫手法就是跟被害人說要把畫拿到拍賣會上賣，藉此騙取金錢。

照理說，我現在應該要很氣憤才對。沒想到，我並沒有那種情緒。不知道為什麼，我的感覺就像是與一位老朋友久別重逢。

仔細想想，我跟那個男子並沒有兩樣，我也是想要不花力氣就賺取暴利，才會踏進他的圈套。從這個角度來看，我也犯下了同樣的錯誤。我會失去家人，都是自己太過軟弱造成的後果。因此我沒辦法責怪那個男子。而且不可否認，當我無數次在人生中遇到難關時，一直支撐著我、激勵著我的，就是從那位男子手中買下的那幅畫。在這層意義上，那幅畫對我來說，價值就相當於性命一般珍貴。

順利完成筆錄後，我出發去還車。

我一把車開進租車行，借車時招呼我的那個小姐就走了過來。我停好車，開口向她說：

「昨天發生了一些意外，沒有先連繫妳真的很不好意思。」我表達歉意後，女子用手勢示意我先進辦公室，接著她說：

「店長想跟您聊聊，已經在裡面等了，請進。」看來這下真的惹火人家了。

我一進入辦公室，就看見一位年約三十五歲的男子站在那裡。然後，男子神情專注地望著我。我連聲說「對不起」。

「先請坐。」那位店長出聲招呼，我在椅子上坐下。

然後，男子遞出名片，說了這句話：

「這是我的名字。」

我又嚇了一跳，忍不住看向店長的臉。名片上寫著「柿田雅彥」。「柿田」是我前妻的姓，「雅彥」是我兒子的名字。

「難道……」我從男子的面容看出雅彥小時候的樣子。毫無疑問，他是我的孩子。

「你是，爸爸吧？」聽他這麼說，我淚如泉湧。

「對不起，對不起，雅彥。害你有個寂寞的童年。」我說完，雅彥輕輕把手放在我的肩膀上，他說：

「讓我寂寞了這麼多年，今後我會向你討回來的喔。」語畢，他對我微笑。

後來我繼續在計程車行工作到退休，再去兒子的租車行幫忙。

此外，我也和離婚多年的前妻重逢了。我們現在的關係還不錯，可以相約出門。

我很想做些什麼來感謝他們兩個，但身上又沒有多少存款。沒辦法為他們做什麼，這讓我一直很鬱悶。

就在那陣子，有一天晚上睡覺時，我生平第一次遇到鬼壓床。

我發現自己身體動彈不得的時候，突然聽見房門打開的聲音。一個巨大的黑影從門口走進來。我全身上下只剩下眼皮能動，就一直盯著那個影子。我馬上就看出來了，那個影子就是那個男子。

「尋死前被我載到的那個男子，變成幽靈來找我了……」我嚇壞了，緊緊閉上雙眼。結果，在我眼睛周圍卻出現一種溫溫的感覺。漸漸的，我的眼睛愈來愈熱。

太熱了，我睜開眼，結果熱度瞬間消退。男子的身影再次出現在我眼底，我又立刻閉上眼睛，果然，眼睛周圍又變熱了。

「這說不定是在叫我睜開眼睛。」我只好睜開眼，看著男子。然後，他像是連發出聲音都很辛苦似的，艱難地對我說：「那──幅──畫」

我猜他可能是想為詐騙的事向我道歉，於是就在心中說道：「都過去了，沒事，我不恨你。」

但男子一遍又一遍重複說著「那──幅──畫」。我也不斷在心中說著「過去了，都過去了」。最後，男子突然從我眼前消失，我的身體也恢復自由了。

隔天，我把這件事告訴我兒子，兒子說：「說不定他是想叫你把那幅畫掛起來。」

雖然那幅畫對我來說是人生路上的精神支柱，但對我的家人而言，它卻代表了一段不堪回首的記憶。因此我覺得這麼做不太妥當，但前妻和兒子都叫我把它掛起來，最後我就決定把畫掛在兒子租車店的櫃檯。

有一天，一位客人看到那幅畫時，大吃一驚。他說那幅畫是一位知名畫家的作品，而且是那位大師年輕時的畫作，價值好幾百萬圓。還說希望我能把那幅畫賣給他。

前陣子那個男子的靈魂來找我，或許就是想告訴我這件事。

我心想，這下終於可以稍微回報兒子和前妻了，但他們兩個都叫我不要把畫賣掉。

「這幅畫曾替爸爸帶來勇氣，一次次在困境中救了你，我希望就像現在這樣掛著。」「我總覺得我們家今天能夠重逢，也是這幅畫冥冥之中的保佑。」他們都這樣說了，這幅畫現在自然也還珍重地留在我身邊。

人生或許就如同登山。在人生這座山上，人有時候會跌跤，有時候也會受傷。所以我們要時不時的停下腳步休息，慢慢地爬。如果想要投機取巧、輕鬆地一步登天，可能就會遇上雪崩。我認為，只要不疾不徐，一步接一步踏實的向前進，等到人的生命走到盡頭時，一定可以登上山頂。因此不需要焦慮，也不要試圖尋找偷懶的方法。

聽完這個故事，我請當事人讓我看了那幅畫。

畫裡的那座山，是尼泊爾的安納布爾納峰。在梵語裡，這是「豐饒女神」的意思。人生這座山，說不定也是能讓我們獲得名為經驗的珍貴寶物的一座山呢。

不管怎麼說，人生實在是比小說更離奇。

# 水壩

「我聽說靈體都會聚集在有水的地方，真的嗎？」問我這個問題的人，是拆除業者赤松先生。

靈體會聚集在有水的地方，這個說法我也曾經聽過。被稱為靈異景點的地方，確實有很多都在水源附近。箇中緣由究竟為何呢？我自行研究了一番。

首先，我查閱佛經。在佛教中，有「臨終之水」這個詞。這是一個讓往生者喝水的儀式——在人剛過世的時候，生者會拿棉花吸水放到死者的嘴唇上，讓死者喝水。據說人類在快過世前會感到口渴，因此才會執行這種儀式。

至於為什麼會出現這種說法呢？那是源自於釋迦牟尼圓寂時的情景。

釋迦牟尼在快要往生前，跟弟子說他想喝水。弟子急急忙忙地跑去汲水，卻找不著乾淨到足以飲用的水。結果一位神明得知此事後，爬山去取了乾淨的山泉水獻給釋迦牟尼。而釋迦牟尼喝水時的神情彷彿泉水十分美味，喝光那些水後沒過多久，釋迦牟尼就斷氣了。

或許是因為這個故事，才會出現過世的亡靈想喝水，因此會聚集到水源地的傳聞。還有一種可能是，在陰陽思維中認為有水的地方是陰氣聚集之處，而死亡也屬陰，兩者能量相符。又或者是，其實這可能只是統計學上的傾向，至今在水源地附近看見靈體的紀錄比較多而已。

不管怎麼說，靈與水之間或許確實存在某種深切的關係。

而赤松先生為什麼會問這種問題呢？我反問他理由時，他告訴了我一個令人驚異的故事。

N縣的○○水壩是出名的靈異景點。有一天，我和兩個朋友一起開車去那座水壩。

時間是凌晨兩點左右，水壩除了我們之外一個人都沒有。不過那裡倒不如我原本想像的那樣一片漆黑。有一棟貌似辦公室的建築物，可能是負責管理水壩的地方。那上面架著非常明亮的燈，照亮了這一帶。

聽說常有人來這座水壩投水自盡，不過也不知道原因，據說更多的是不小心掉下去的意外。甚至還有傳聞，說不定是那些自殺的亡靈把他們拖下水的，可能是這個緣故，這裡才會被大家稱作是靈異景點。

我們三人下車後，在堤防上走著。既期待又害怕，說不定待會就會遇見什麼靈異現象。可惜，在附近遊蕩了快一小時，卻什麼不尋常的事都沒發生。

「回去吧！」說完，我們紛紛上車，離開水壩。

從水壩回去的路上，才開了一小段山路，後座就傳來打呼聲。現在已經過了凌晨三點，看來有一個朋友抵擋不住睡魔了。坐在副駕駛座的朋友主動說，「你睏的話就換我來開。」但我完全不睏，就繼續開下去了。

在山路上持續奔馳後，車子來到一條將近兩公里長的隧道前。我莫名感覺這條隧道比水壩更加詭異。剛才在水壩沒遇到任何怪事，因此我靈機一動，決定放慢車速，緩緩進入隧道。一旁的朋友也興致高昂地說，這裡確實比較恐怖。

我把車速降到時速四十公里左右。就在差不多要抵達隧道中間時，我看到了那個東西，我想都沒想就放聲大叫，同時踩下油門，加速開往隧道的出口。

一出隧道，坐在副駕駛座的朋友叫我再往前開一小段路。於是，我找了一個適合的地點才把車停下來。

我清清楚楚地看見了。剛剛在隧道裡，可供緊急停車的地方，站著一個全身溼透的男子。

那個男子雙手撐在大腿上，就像剛跑完很長一段路似地氣喘如牛，他上半身向前傾，屁股靠在牆壁上。身上穿著貌似工作服的服裝，全身都濕淋淋的。最嚇人的是，他的臉色蒼白如紙。而且，我和他四目相接了。

我把這件事告訴坐在副駕駛座的朋友，沒想到朋友說，他也看見了同一個男子，而且他也跟對方四目相接了。當時車速那麼慢，絕對不可能看錯。

在這種大半夜裡，那個男子為什麼會渾身濕透呢？更何況隧道附近又沒有民宅。就算這件事發生在白天，有人出現在那種地方也很奇怪。我和朋友討論著。不過可以確定的是，那裡真的有一個男子。

「要回隧道去看看嗎？」坐在副駕駛座的朋友這麼問，但我一想到那張毫無血色的臉，就實在沒辦法點頭。

我們還在討論時，原本在後座呼呼大睡的朋友醒了過來，問我們發生了什麼事。「其實，剛剛……」就在我要說明停車原因的時候。

「唔哇——」後座的朋友放聲大叫，立刻衝出車外。我和副駕駛座上的朋友雖然不清楚情況，也跟著衝出車外。

「怎麼了？發生什麼事了？」我問道，朋友一邊發抖，一邊伸手指向車子的後座。

「那個男人是誰？」他問了這句話。

我看向車子的後座，但那裡一個人也沒有。我這樣回答他後，朋友卻說：

「有一個臉色發白、身穿工作服的男人。」

我們都很害怕，於是趕緊離開那裡。

翻過山頭後，有一間便利商店，我馬上把車停在店門口。便利商店明亮的光線讓我稍稍鬆了口氣，這時，後座的朋友又大叫著下車。

我回頭一看，他剛才說身穿工作服的男人坐過的那個位置，就像有人打翻水一樣，整個座位溼答答的。

赤松先生說，自從有了這次經驗，他不會再靠近任何被稱為靈異景點的地方。

不過，出現在這個故事裡的那個男子，究竟為什麼會出現在隧道裡，甚至進入車子裡呢？真相我並不清楚，但我可以肯定地告訴各位，最好不要抱持輕率的心態前往靈異景點。

# 柑仔店

我在京都市上京區的北野這一帶出生長大。因為菅原道真公而出名的北野天滿宮就在我老家附近，我從小就常跑到北野天滿宮玩。每個月二十五日的緣日，現場會有撈金魚、打靶、棉花糖等各種攤位，這項活動延續至今。從北野天滿宮往南走一小段路，有一條北野商店街。

這條商店街在我小學時，有好幾家賣零食糖果的小店，也有賣可樂餅的店，平常總有大批小孩子蜂湧而來買東西。當然，我也是其中一人。

這次，我要來寫發生在我小時候的事。

這是我小學五年級時的故事。

當時，在北野這一區，用現在的話來說就是充滿昭和時代懷舊風情的柑仔店，大約有四間：「陶醉屋」、「Doutsuki」、「點心攤」，以及「泉」。每一家都是當地同年代長大的人一聽就會勾起懷念之情的小店。

當時在這幾家柑仔店中，生意最好的就是暱稱為「點心攤」的小店，由一位老婆婆獨自顧店。進入那間店，要先脫鞋，踩上老婆婆的家。更重要的是，去那裡不只是買糖果而已，這裡賣的糖果幾乎都附有抽獎遊戲。

比方說，多條細繩的尾端各自綁著大、中、小三種不同尺寸的糖果，買家要挑一條繩子拉出來，目標是抽到大糖果。或者有一台機器是，只要按按鈕就會掉出不同顏色的口香糖，如果掉出來的口香糖是中獎色，就可以再按一次等等，大家來這裡不只是單純買糖果，還可以同時玩遊戲，這正是它生意興隆的主因。

當時，少數小朋友會從爸媽那邊得到一百圓的零用錢，但大多數人都只有五十圓。可以玩抽獎的點心通常都是二十圓。而我也跟大多數小孩一樣只有五十圓，所以我多半是先抽兩次獎，然後把剩下的十圓拿來買巧克力。

有一天，令全日本小學生為之瘋狂的「金肉人[1]橡皮擦扭蛋機」進駐店裡。這組橡膠公仔玩具，全是當時大受歡迎的《金肉人》這套漫畫中的角色。

玩扭蛋機時無法預料自己會轉到什麼，而且轉一次可是要一百圓，對於一天只有五十圓零用錢的我們來說，玩一次扭蛋就得兩天不買零食，這需要極大的忍耐力。儘管如此，小朋友們還是努力忍耐兩天不吃零食，爭先恐後地玩扭蛋，一心想要獲得金肉人橡皮擦。有時候也會連續兩次轉到同樣的東西，在小小年紀就能體會到人生的辛酸。

有一天，平時一起玩耍的幾個朋友聚在一起，交換那些自己重複轉到的橡皮擦。當天來的是小山、上野、鍬田和我四個人。我們交換的地點，就在那家柑仔店「點心攤」。

一個珍貴角色的價值相當於三個普通角色，於是，有很多相同角色的人開始

1 金肉人，由日本漫畫家雙人組「蚵仔煎」（嶋田隆司及中井義則）創作的格鬥少年漫畫。

拚命收集那些珍貴角色，像這樣，以橡膠公仔為核心的小型社會逐漸成型。然後，即便是在這麼微小的社會中，也會遭受「階級浪潮」的侵襲。翻譯成白話文就是：每天有一百圓零用錢的吉田也加入了。

事實上，吉田一開始的零用錢也是五十圓，那為什麼後來會變成一百圓呢？那是因為他有祖父和祖母這兩大金主的幫忙。他會先和爸媽拿五十圓，然後再到祖父母家撒嬌，討來額外的五十圓。他把這個過程稱之為「交易」。不過他的「交易」活動並沒有持續太久。吉田爸媽發現他的「經濟榮景」之後，他與祖父母的「交易」就被禁止了。

被迫「鎖國」的吉田給了我們靈感，我們開始思考有什麼辦法可以從「他國」獲取金錢。我們也想過要和祖父母「交易」，但各家的家長很可能都已聽說過吉田的招數，並明令禁止。這並非良策，我們決定另謀他途。

我們四個人打算召開作戰會議，走出柑仔店時，我們遇見住在附近的一個阿姨。結果小山一看到阿姨就主動開口說：「大西阿姨，請給我們五十圓。」小山事後這樣解釋他當時的舉動，「我想說，把認識的人全部問一次。」

大西阿姨笑容溫煦地回答：「每個人各五十圓夠了嗎？」

上野立刻搶先說了「謝謝」，鍬田甚至早早就伸出手等著了。

大西阿姨微笑著發給我們每人五十圓。最後拿到的是我，我覺得大西阿姨看起來不太對勁。

該怎麼形容才好呢？她的臉色蒼白，感覺沒有什麼活力。

「阿姨，妳還好嗎？沒有生病嗎？」我開口問，阿姨回答說：「謝謝你關心我。我沒事喔。」說完，她就步履蹣跚地走了。我擔心地目送她走遠，幾個朋友催我趕快去柑仔店，我就跟著他們去了。

又過了幾天，我們在玩金肉人橡皮擦時，上野提起了一個話題。

「對了……你們不覺得上次大西阿姨給我們五十圓的時候，她的臉色很差嗎？」

「會不會是肚子餓了啊？」

「該不會是買不起食物吧？」

大西阿姨和一個大我們七歲的女兒一起住，我們七嘴八舌地猜想，難道是她們的生活很困苦，吃飯也是有一頓沒一頓的嗎？於是，我們決定一起把錢送還給大西阿姨。雖然我們年紀還小，但沒有任何付出就平白拿人家的錢，心中還是會有罪惡感。

隔天放學後，我們手中各自緊握著相當於一天零用錢的五十圓，四個人一起朝大西阿姨家走去。結果誰都不曉得阿姨家到底在哪裡。

「我記得應該是在這附近才對……」我們嘴裡像這樣叨念著，然後一戶一戶的確認名牌，四處探察，卻一直都找不到。

就在這個時候，「你們在找什麼地方嗎？」一個女人出聲關切。

轉頭一看，站在那裡的人正是大西姐姐。

我們告訴她阿姨給我們錢的事，說我們是來還錢的。然後，一提起阿姨當時的臉色很差，姐姐就這麼說：

「阿姨她呀，最近都沒什麼精神，你們偶爾也一起去鼓勵她吧。」

「好，我知道了。我們去。這個，麻煩妳還給阿姨。」說完，我們就把各自的五十圓硬幣交給姐姐。

回程的路上，大家一邊走，一邊討論：「大西阿姨果然很沒精神啊。」「為什麼會這樣呢？」「可能是沒吃飯吧？」

又過了幾天，我們再次見到大西阿姨。

「阿姨，上次謝謝妳。我們已經把錢還給姐姐了，妳有收到嗎？」我們問。不料阿姨大驚失色，立刻反問我們：

「怎麼回事？你說姐姐，是哪一個姐姐？」

「咦？阿姨，我們在妳家附近遇見大西姐姐，就把錢拿給她了。」我們這麼回答，看來姐姐似乎沒有轉交那些錢。

「難道姐姐把錢收進自己口袋了嗎？」我們如此猜測。沒想到，阿姨突然哭了出來。

「阿姨，我了解妳的心情，但妳不要哭啦。」鍬田主動出聲，想要安慰阿姨，但阿姨卻一直哭個不停。

「阿姨，妳怎麼了？」我問。然後，阿姨告訴了我們一件難以置信的事。

「姐姐她啊，去年就生病過世了。」她說道。

「不可能！我們都有跟姐姐說話。」我們立刻這樣反駁，但阿姨表示，姐姐真的已經過世了。

阿姨拿出手帕按住眼睛，說她現在正要去姐姐的墓，於是我們決定跟著一起過去。

姐姐的墓，就位在我們小學隔壁的墓地裡。

走到姐姐的墓前，大家紛紛合掌致意。這時，小山說：「啊，你們看這裡，快看！」眾人一看，發現在墓碑前方盛水的凹陷處，放著四個五十圓硬幣。

「果然是姐姐拿走了。這樣不行耶，要還給阿姨才行啦。」終於找到那些錢，我們都鬆了一口氣。這時，阿姨又在墓前哭了。

「對了，我們遇到姐姐時，她說阿姨最近的精神不太好，要我們鼓勵妳喔。」上野提起這件事，「要打起精神來，姐姐很擔心妳喔。」我們對阿姨這麼說，紛紛給她打氣。

這是發生在我小學時代的事，所以真的是很多年以前了。我一邊拚命回想，一邊把它寫出來。直到現在，當時的那四個人，還是每隔幾個月就會聚在一塊兒吃飯。我們現在還是好朋友。

某次，其他三人來寺裡找我，弟子端茶過來。托盤上放著五杯茶。

「多了一杯喔。」我這麼說。「咦？剛才還有一位先回去了嗎？」弟子疑惑的問道。說不定，是大西姊姊也來了。

有人認為，人過世之後會歸於虛無。但絕對不是這樣的。死亡只是暫時的分別，也是來日在那個世界重逢的約定。我認為，直到再次相見的那一天為止，開朗又充滿朝氣地過日子，亦是活著的我們的職責。

# 後記

感謝各位讀者翻閱本系列作的第五集《京都怪奇談：宿緣之道篇》。

我從來沒想過這個系列居然能出到第五集，甚至還出版了名為《怪談和尚》的漫畫，我由衷感謝。這全是購買這本書的各位讀者之功勞。真的很謝謝大家。今後也請多多指教。

常有人問我，書中的故事都是真的嗎？

這些內容都是經我改編自真人真事的成品。因此正確來說，並不完全是真的。對我來說，書中的故事是真的抑或是編造的，並不是重點所在，我更希望大眾能透過怪談接觸到佛教的教誨，思考死亡這件事。

直到死亡降臨的那一刻為止，我們該如何活在這個世界上呢？能成為各位思考這些事的小小助力，就是我的心願。

合掌

令和四年　於京都蓮久寺

三木大雲

# 京都怪奇談：宿緣之道篇

## 怪談和尚の京都怪奇譚 宿縁の道篇

作　　者　三木大雲
譯　　者　徐欣怡
主　　編　郭峰吾

總 編 輯　李映慧
執 行 長　陳旭華（steve@bookrep.com.tw）

出　　版　大牌出版 / 遠足文化事業股份有限公司
發　　行　遠足文化事業股份有限公司（讀書共和國出版集團）
地　　址　23141 新北市新店區民權路 108-2 號 9 樓
電　　話　+886-2-2218-1417
郵撥帳號　19504465 遠足文化事業股份有限公司

封面設計　許晉維
排　　版　新鑫電腦排版工作室
印　　製　博創印藝文化事業有限公司
法律顧問　華洋法律事務所　蘇文生律師

定　　價　390 元
初　　版　2024 年 6 月



電子書 E-ISBN
978-626-7491-11-9（EPUB）
978-626-7491-12-6（PDF）

國家圖書館出版品預行編目資料

京都怪奇談：宿緣之道篇 / 三木大雲 著 ; 徐欣怡 譯 . -- 初版 . -- 新北市 : 大牌出版 , 遠足文化發行 , 2024.06
224 面 ; 14.8×21 公分
譯自 : 怪談和尚の京都怪奇譚 宿縁の道篇
ISBN 978-626-7491-17-1（平裝）
1. 民間故事　2. 日本京都市

539.531　　　113007501